ÜBER DIE AUTOREN

Jean Pütz ist gelernter Nachrichten-Ingenieur und studierter Volkswirt. Er war Lehrer für Mathematik und Physik, bevor er den Journalismus für sich entdeckte. Als Redakteur, Autor und Produzent ging er 1970 zum WDR. Dort entwickelte er die Sendereihe, die ihn berühmt machen sollte und mit 250 Folgen zum TV-Klassiker wurde: die Hobbythek.
Heute ist Jean Pütz eine der wichtigsten Instanzen im deutschsprachigen Raum in allen Fragen zu Gesundheit und Ernährung.

Monika Pohl, geboren 1963, studierte Geschichte, Germanistik und Spanisch an der Universität Köln. Nach ihrem Studium hat sie als freie Journalistin für den Norddeutschen Rundfunk und das ARD-Politmagazin Panorama gearbeitet. Seit 1996 ist sie Autorin für die Hobbythek. Heute betreut sie als Redakteurin beim WDR das Magazin frauTV und lebt mit ihrer Familie in der Nähe von Köln.

Jean Pütz • Monika Pohl • Dieter Müller

Traditionelle Gemüse und Kräuter

Mit Rezepten von Drei-Sterne-Koch Dieter Müller

Rowohlt Taschenbuch Verlag

Die Vorschläge und Rezepte in diesem Buch sind von Autoren und Verlag nach bestem Wissen und Gewissen sorgfältig erwogen und geprüft. Autoren und Verlag übernehmen keine Haftung für etwaige Personen-, Sach- und Vermögensschäden, die sich aus dem Gebrauch oder Mißbrauch der in diesem Buch dargestellten Informationen und Rezepte ergeben.

BILDQUELLEN

S. 8, 11 (Nr. 1), 15 (Nr. 6b), 21 (Nr. 13d), 23 (Nr. 19), 25, 28, 29, (Abb. 9, Nr. 21), 31 (Nr. 28, 29), 32 (Nr. 30, 31a, 32), 33 (Nr. 33, 34, 35), 35 (Nr. 39, 40), 38 (Nr. 42), 39 (Nr. 46), 40 (Nr. 49), 41 (Nr. 50, 51), 42 (Nr. 55b), 43 (Nr. 58, 59), 44 (Nr. 60, 61), 46 (Nr. 66): Ulrike Lindner, Köln; S. 16 (Nr. 8), 19 (Nr. 11), 20 (Nr. 12), 21 (Nr. 13b), 22 (Nr. 14, 17), 23 (Abb. 4, Nr. 18), 32 (Nr. 31b), 33 (Nr. 36a), 34 (Nr. 36b), 36, 38 (Nr. 41, 43), 39 (Nr. 45), 41 (Nr. 53), 42 (Nr. 54), 43 (Nr. 56, 57), 45 (Nr. 63, 64): Friedrich Strauß, Au/Hallertau; S. 29 (Nr. 20), 30 (Nr. 22, 23, 24, 25), 31 (Nr. 37): Ferme de Sainte Marthe; S. 21 (Nr. 13a), 40 (Nr. 48), 41 (Nr. 52), 45 (Nr. 62): Bildagentur Strauß/GBA/Wothe; S. 45 (Nr. 65): Bildagentur Strauß/GBA/Lawson; S. 17 (Nr. 10), 18 oben: Ökologie & Design; S. 34 (Nr. 37), 40 (Nr. 47), 42 (Nr. 55a): Beat Ernst, Basel; S. 22 (Nr. 16): Dr. W. Schuchert, MPI f. Züchtungsforschung, Köln; S. 26, 27: Fotostudio Wieland & Zaber, Düsseldorf

ALLE ÜBRIGEN FOTOS

Cornelis Gollhardt, Köln/Stephan Wieland, Düsseldorf

Veröffentlicht im Rowohlt Taschenbuch Verlag GmbH,
Reinbek bei Hamburg, Mai 2003
Lizenzausgabe mit freundlicher Genehmigung der
Egmont vgs verlagsgesellschaft, Köln
Titel der Originalausgabe: Traditionelle Gemüse und Kräuter.
Mit Rezepten von 3-Sterne-Koch Dieter Müller

Umschlaggestaltung any.way, Barbara Hanke
Gesamtherstellung Universitätsdruckerei H. Stürtz AG, Würzburg
Printed in Germany
ISBN 3-499-61522-3

Inhalt

Liebe Leserinnen und Leser,

die Hobbythek geht mittlerweile in das 24ste Jahr ihres Bestehens. Von Anfang an war es unser erklärtes Ziel, die Zusammenhänge zwischen Natur, Technik und dem menschlichen Handeln sichtbar zu machen und zu erklären. Daß unsere Gesundheit auch eng mit der Umwelt verknüpft ist, haben wir des öfteren schlüssig bewiesen. Doch glauben wir fest daran, daß ein effektiver Umweltschutz möglich ist, ohne daß wir zu Asketen werden müssen, die auf die Segnungen der modernen Zivilisation verzichten.
Eine Gefahr haben aber auch wir im Laufe dieser Zeit immer wieder erkannt, nämlich die, daß der Mensch, wenn er die Möglichkeiten dazu hat, weit über die Grenzen dessen hinausgeht, was für ihn selbst oder für die Umwelt zuträglich ist.
Triebfeder dieses Verhaltens ist, daß es den meisten Menschen gar nicht bewußt wird, wie gut es ihnen eigentlich geht. Das gilt zumindest für die Kernstaaten Europas beziehungsweise für alle Nationen, die eine hochentwickelte Industrie besitzen. Hier strebt jeder nach immer mehr Wohlstand, Geld, Komfort und Arbeitserleichterung, ohne auf andere, geschweige denn die Natur, Rücksicht zu nehmen. Die Kosten dafür bürden wir unseren Kindern und Kindeskindern auf, denn die Bäume können nicht in den Himmel wachsen – ein Naturgesetz, das trotz seiner Trivialität offenbar nicht realisiert wird. Dagegen kämpft die Hobbythek mit Aufklärung und Tips an, die zeigen, daß es ganz bequem mit ein wenig Einsicht auch anders geht.
Das wollen wir Ihnen auch mit dem vorliegenden Buch beweisen. Dieses haben wir einer ganz speziellen Form der Artenvielfalt gewidmet. Es ist schon lange bekannt, daß in den letzten hundert Jahren durch Einflüsse der modernen Zivilisation ein Artensterben sondergleichen eingesetzt hat. Sehr viele Pflanzen können nur noch in Naturschutzgebieten und botanischen Gärten überleben. Daß dies aber auch für viele Kulturpflanzen wie Gemüse, Obstbäume und Kräuter gilt, die die Menschen in mühevoller Arbeit über viele Generationen hinweg gezüchtet haben, ist jedoch nur sehr wenigen bekannt.
Schuld an der Misere sind die Gepflogenheiten des modernen Supermarkt-Handels und – angeblich um den Verbraucher zu schützen – die dort üblichen Güteklassen inklusive der angebotenen Sorten.
Voraussetzung dafür, daß eine Gemüsesorte angebaut und verkauft werden darf, ist, daß sie im nationalen beziehungsweise europäischen Sortenkatalog eingetragen ist. Gesetzliche Grundlage dafür ist das Saatgutverkehrsgesetz. Die deutsche Sortenliste existiert bereits seit 1953. Seit 1972 gibt es darüber hinaus den gemeinsamen EU-Sortenkatalog, einen über 1000 Seiten dicken Wälzer für landwirtschaftliche Nutzpflanzen, und einen weiteren Sortenkatalog für Gemüse. Damit eine Sorte in diese Listen eingetragen werden kann, muß sie unterscheidbar, einheitlich und beständig sein. Diese Kriterien werden national vom Bundessortenamt überprüft, indem die angemeldete Sorte über zwei Jahre angebaut wird. Die Zulassung erfolgt dann für zehn Jahre und kann verlängert werden, wenn ein entsprechender Antrag gestellt wird. Allerdings ist das mit erheblichen Kosten verbunden, die teilweise für kleinere Gemüsebauern, aber auch für

Kleingärtner nicht zumutbar sind. Es wird jedoch derzeit überlegt, diese Eintragung zu erleichtern, doch die Mühlen der Behörden – insbesondere der europäischen – mahlen nur sehr langsam. Außerdem gibt es starke Lobbyisten, die diesen Prozeß zu bremsen versuchen, weil sie sich lieber auf einige wenige Sorten, die für sie wirtschaftlich rentabel sind, beschränken wollen. Die Folgen sind bereits jetzt festzustellen: Viele der früher gängigen Sorten wurden aus dem EU-Sortenkatalog gestrichen und dürfen nachfolgend nicht mehr angebaut und gehandelt werden, auch nicht als Saatgut. Derzeit sind es noch einige kleine Züchter beziehungsweise gemeinnützige Vereine wie der „Verein zur Erhaltung der Nutzpflanzen-Vielfalt" oder der Verein „Arche Noah" in Österreich, die den Erhalt traditioneller Gemüse- und Kräutersorten betreiben. Aber auch sie werden mit der Zeit – zumindest was die teuren Gebühren angeht – überfordert sein. Das führt dazu, daß die einstige Vielfalt der Gemüsesorten immer weiter abnimmt beziehungsweise nur noch in Genbanken verwaltet wird. So verwandelt sich die Pflanzenvielfalt immer mehr in eine Einfalt.

Daß dies auch für uns Menschen eine erhebliche Bedeutung hat, sieht man allein daran, daß so manche moderne Gemüsesorte weniger Vitamine und wertvolle Mineralstoffe enthält, dafür aber erheblich mehr ungesunde Nitrate. Eine der Ursachen dafür ist der forcierte Anbau in Gewächshäusern oder unter Plastikfolien. Er läßt Pflanzen kaum Zeit, um die für unsere Gesundheit wertvollen Inhaltsstoffe aufzubauen. Demgegenüber eignen sich traditionelle Gemüse weniger für den industriellen Anbau – und auch das war ein Grund, dieses Buch zu verfassen, denn in kleinem Rahmen, für den eigenen Bedarf gezogen, sind viele dieser sogenannten alten Gemüse und Kräuter eine vitamin- und mineralstoffreiche, vor allem aber schadstoffarme Alternative zu Massenware aus dem Supermarkt. Mit Tips zum Anbau auf dem Balkon oder im eigenen Garten wollen wir außerdem mit Ihrer Hilfe einen kleinen Beitrag dazu leisten, daß traditionelle Gemüse- und Kräutersorten nicht für immer verschwinden.

Weiterhin wollten wir beweisen, daß Umweltbewußtsein und Genießen Hand in Hand gehen können. Garant für dieses ehrgeizige Ziel ist Co-Autor Dieter Müller, einer der berühmtesten und im wahrsten Sinne des Wortes ausgezeichnetsten Köche Deutschlands, wenn nicht gar ganz Europas. Immerhin wurde ihm in diesem Jahr als zweitem Deutschen ein dritter Michelin-Stern verliehen, was in etwa gleichbedeutend mit einer olympischen Goldmedaille ist, und somit kochte er sich unter die 30 besten Köche der Welt.

Nun hat es die Hobbythek zwar nicht nötig, sich mit fremden Federn zu schmücken, aber ich muß schon gestehen, daß ich sehr stolz bin, einen solchen Meister seines Fachs zur Mitarbeit bewogen zu haben. Man sagt von ihm, er sei der Mitgestalter des „deutschen Küchenwunders", ein Glücksfall für die deutsche Gastronomie, der selbst von großen Kollegen in Frankreich anerkennend respektiert wird. Dieter Müller wurde nicht nur 1983 und 1988 durch Gault Millau zum „Koch des Jahres" gewählt, sondern er bereiste auch im Jahr 1991 als Vertreter und Repräsentant der deutschen Küche die Welt. Seine Tournee führte ihn über Japan, Australien, die USA und Hawaii bis zurück nach Europa und dort speziell Frankreich. Danach eröffnete er das Restaurant „Dieter Müller" im renommierten Schloßhotel Lerbach in Bergisch Gladbach vor den Toren Kölns.

Dieter Müller hat sich stets bemüht, Innovationen in seine Küche einzubringen. Getreu seinem Ausspruch „Gekocht wird zuerst im Kopf", kreierte er mit enormer Phantasie ständig neue Gerichte, und genau dies hat er auch für unser Buch getan: neue Rezepte für „alte", aber umso gesündere Gemüse.

Großer Dank gilt aber auch der anderen Co-Autorin, Monika Pohl, Wissenschaftsjournalistin ihres Zeichens, die nach der Mitwirkung in einigen Hobbythek-Sendungen nun auch als Buchautorin ihr Talent unter Beweis stellen konnte. Sie hat mit ihrer sorgfältigen Recherchearbeit über Anbau, Inhaltsstoffe, Geschichte und Besonderheiten der vorgestellten Gemüse und Kräuter das Buch mitgestaltet und bereichert.

Viel Spaß beim Lesen und Guten Appetit!

Ihr

Gesundes Gemüse

„Eure Nahrungsmittel sollen eure Heilmittel sein, und eure Heilmittel sollen eure Nahrungsmittel sein." Dieser nach wie vor aktuelle Satz stammt von Hippokrates (460–375 v. Chr.), dem berühmtesten Arzt der Antike. Was könnte diesem Anspruch wohl eher genügen als gesundes Gemüse und frische Kräuter? Sie sind reich an Vitaminen, vor allem Provitamin A (Beta-Carotin), verschiedenen B-Vitaminen, Vitamin E und C, Mineralstoffen, Ballaststoffen und den sogenannten sekundären Pflanzenstoffen, die für unsere Gesundheit von großem Wert sind.

Sekundäre Pflanzenstoffe

Sekundäre Pflanzenstoffe sind chemische Verbindungen, die der Pflanze zum Beispiel ihre Farbe, den typischen Geschmack und Geruch geben, die sie aber auch als natürliche Waffe gegen Schädlinge und Krankheiten produziert. Diese bioaktiven Substanzen sind vermutlich ein wichtiger Grund dafür, daß Menschen, die sehr viel Obst und Gemüse essen, weniger häufig an Krebs erkranken als Menschen mit einem geringen Obst- und Gemüseverzehr. Man hat festgestellt, daß fast alle bekannten sekundären Pflanzenstoffe antikanzerogen wirken, das heißt das Wachstum bestimmter Tumore hemmen oder deren Entstehung sogar vorbeugen. Weiterhin stimulieren sie unser Immunsystem, fördern die Blutgerinnung und senken den Blutzucker- und Cholesterinspiegel. Dadurch mindern sie das Risiko von Herz-Kreislauf-Erkrankungen. Außerdem zeigen viele dieser Substanzen Wirkungen gegen Bakterien, Viren und Pilze und schützen unsere Zellen vor den aggressiven sogenannten freien Radikalen. Das sind Moleküle, Atome oder Ionen, die spontan im Organismus entstehen und die Zellen angreifen. Sie bombardieren quasi deren Schutzmantel. Wichtige sekundäre Pflanzenstoffe sind zum Beispiel Alkaloide, Carotinoide, Flavonoide, Terpene (dazu zählen zum Beispiel Menthol, Limonen, Carvon) und Sulfide, die unter anderem Knoblauch seinen intensiven Geschmack verleihen. Einen besonders hohen Gehalt an sekundären Pflanzenstoffen hat Kohlgemüse.

Heimische Vielfalt

Wir wollen Ihnen mit unserem Buch vor allem heimische, zum Teil uralte Gemüsesorten wieder schmackhaft machen. Leider sind viele von ihnen in den letzten Jahren oder Jahrzehnten in der „neuen deutschen Küche" etwas an den Rand und aus dem Kochtopf gedrängt worden. Statt dessen begrüßt uns im Supermarkt nun zu jeder Jahreszeit das ewig gleiche Geschmackseinerlei – zwar makellos anzuschauen, aber geschmacklich eher enttäuschend. Dies geht auf Kosten vieler alter heimischer Sorten. Die Folge: Wer Grünkohl, Petersilienwurzel oder gar Pastinaken sucht, der muß sich

Abb. 1: Die heimische Gemüsevielfalt hält für jeden Geschmack etwas bereit.

schon tief bücken, um sie vielleicht im untersten Regal zu entdecken – oder für teures Geld im gutsortierten Spezialitätengeschäft erstehen. Wenn dieser Trend anhält, ist abzusehen, daß solche Gemüse völlig verschwinden.

Statt alter Sorten werden bald neue „strahlend" schöne Lebensmittel im Supermarkt auf Käufer warten: Im Frühjahr 1997 hat sich die Europäische Kommission in Brüssel auf eine gemeinsame Richtlinie für das Bestrahlen von Lebensmitteln geeinigt. Bislang ist diese Art der Haltbarmachung in Deutschland noch verboten – mit einer Ausnahme: Bestrahlte Kräuter und Gewürze dürfen auch jetzt schon importiert werden, weil bei ihnen das Risiko von Verkeimung und Schädlingsbefall besonders groß ist. Seit Ende 2000 dürfen zudem Obst, Gemüse und Hartkäse mit UV-Strahlen behandelt werden.

Haltbar durch Bestrahlung

In etwa 40 Ländern der Erde werden Lebensmittel bestrahlt, um ihre Haltbarkeit zu erhöhen: Die Franzosen konservieren auf diese Art über 20 verschiedene Produkte, zum Beispiel Gewürze und Erdbeeren. In Belgien werden Knoblauch und Zwiebeln bestrahlt, in Holland unter anderem Krabben. In Großbritannien ist das Bestrahlen von Früchten und Fischen ganz allgemein gestattet. Franzosen, Belgier und Holländer bestrahlen zusammen pro Jahr rund 10000 Tonnen Lebensmittel. Dazu werden vor allem Gammastrahlen des radioaktiven Kobalt 60 verwendet, die schon in geringer Dosis Insekten, Bakterien, Hefe- und Schimmelpilze vernichten – aber leider auch viele wichtige Vitalstoffe: Vitamin E wird nahezu vollständig zerstört, Vitamin C bis zu 70 Prozent (in Äpfeln), der Gehalt an Vitamin B_1 und B_{12} wird stark gesenkt, Vitamin A und seine Vorstufe (Beta-Carotin) zerfallen unter bestimmten Bestrahlungsbedingungen. Außerdem zerstören die Strahlen essentielle Fett- und Aminosäuren, verändern Proteine und führen zum Teil zu enormen Geschmackseinbußen.

Frühreife Früchtchen

Ein Vorteil der heimischen Gemüsesorten ist, daß sie nicht quer durch Europa oder gar um die halbe Welt transportiert werden müssen. Denn für einen solchen Transport wird das Gemüse in der Regel unreif geerntet und büßt dabei nicht nur wichtige Nährstoffe, sondern auch viel von seinem Aroma ein. Um die für den Geschmack wichtigen Inhaltsstoffe wie Zucker, Proteine und Fett zu bilden, braucht die Pflanze Zeit, die man ihr so nicht läßt.

Weitere wichtige Aromastoffe werden während der Reifephase synthetisiert. Die aber erleben die meisten Gemüse- und Obstsorten nicht mehr im Boden, am Strauch oder Baum, sondern im Lagerraum unter ungünstigen Bedingungen. So wird beispielsweise bei Äpfeln die Sauerstoffkonzentration im Lagerraum gesenkt und die Kohlendioxidkonzentration erhöht, um das Obst länger haltbar zu machen. Zum (Nach-)Reifen brauchen Äpfel aber genau die gegenteiligen Bedingungen: viel Sauerstoff und wenig Kohlendioxid. Als Folge dieser Behandlung verlangsamt sich ihr Stoffwechsel und weniger Aromastoffe werden ausgebildet – der Apfel verliert an Geschmack.

Frisch durch den Winter

Wer auch im Winter frisches Obst und Gemüse essen will, steht im Supermarkt meist vor der Frage: Erdbeeren aus Israel oder Tomaten aus dem Treibhaus? Wie wäre es statt dessen mit Grünkohl oder Porree vom heimischen Acker? Viele der alten Sorten sind Wintergemüse, die Frost vertragen oder sogar benötigen, um ihr Aroma voll zu entfalten. Damit können Sie auch im Winter Ihren Vitaminhaushalt in Schuß bringen, ohne auf Treibhausgemüse zurückgreifen zu müssen, das mit viel Dünger zur (Früh-)Reife „gedopt" wurde. Das ist vor allem im Hinblick auf den Nitratgehalt des Gemüses von Bedeutung.

Problem Nitrat

Für die Pflanze ist Nitrat ein wichtiger Nährstoff, den sie zum Wachstum benötigt und unter Sonnenbestrahlung zu Pflanzeneiweiß umwandelt. Das trübe Winterlicht reicht jedoch nicht aus, um den Stoffwechsel der Pflanze so anzukurbeln, daß das Nitrat komplett abgebaut wird. Deshalb ist der Nitratgehalt der Pflanzen im Winter immer höher als im Sommer. Bei Treibhausgemüse ist das Nitrat ein besonders großes Problem, denn um die Jungpflanzen unabhängig vom Wandel der Jahreszeiten anzubauen und in Rekordzeit zu ernten, werden sie mit Unmengen von nitrathaltigem Dünger „gefüttert". Dieser reichert sich dann in besonderem Maße in Blättern und Stielen an. Treibhausgemüse hat also grundsätzlich einen höheren Nitratwert als Freilandware.

Nitrat, Nitrit, Nitrosamine

Für den Menschen kann Nitrat zum Problem werden, weil es in unserem Verdauungstrakt zum Teil in Nitrit umgewandelt wird. Nitrit hat die unangenehme Eigenschaft, die roten Blutkörperchen (Erythrocyten) zu verändern und damit den Sauerstofftransport im Blut zu behindern. Besonders schädlich ist das für Babys und Kleinkinder, die an der lebensgefährlichen sogenannten Blausucht erkranken können. Deshalb gelten für sie besonders strenge Nitrat-Grenzwerte. Darüber hinaus kann das entstandene Nitrit mit bestimmten Eiweißbausteinen der Nahrung zu sogenannten Nitrosaminen reagieren, die als krebserregend bekannt sind.
Die Weltgesundheitsorganisation (WHO) empfiehlt für Erwachsene eine Tageshöchstmenge an Nitrat von fünf Milligramm pro Kilogramm Körpergewicht. Vergleicht man das mit den von der Europäischen Union festgesetzten Grenzwerten für Gemüse und Salat, zeigt sich, daß bereits der Verzehr einer guten Portion Salat im Winter ausreicht, um diesen Wert zu erreichen. Laut EU-Beschluß darf Salat, der zwischen Oktober und Ende März geerntet wird, nämlich 4500 mg/kg Nitrat enthalten, Spinat immerhin noch 3000 mg/kg.

Nitratgehalte im Gemüse

Gemüse mit hohem Nitratgehalt
Salate (Kopf-, Endivien-, Eisberg- und Feldsalat), Blattgemüse (v. a. Spinat, Mangold), Rote Bete, Radieschen, Rettich und Bleichsellerie.

Gemüse mit mittlerem Nitratgehalt
Möhren, Knollensellerie, Zucchini, Blumenkohl, Grünkohl, Kohlrabi, Weiß- und Rotkohl sowie Wirsing.

Gemüse mit niedrigem Nitratgehalt
Tomaten, Gurken, Paprika, Rosenkohl, Chicorée, Zwiebeln, Knoblauch, Porree, Kartoffeln, Schwarzwurzeln, Spargel und Hülsenfrüchte.

Konventionell kontra Bio

Gemüse aus kontrolliert-biologischem Anbau enthält nachweislich weniger Nitrat als konventionell angebautes. Biobauern verzichten nämlich auf anorganische Mineraldünger und verwenden statt dessen Kompost oder andere organische Produkte wie etwa Hornmehl, die ihre Nährstoffe langsamer und in kleinen Portionen an die Erde abgeben. Aus diesem Grund können wir nur dazu raten, Gemüse aus kontrolliert-biologischem Anbau zu kaufen – nicht nur im eigenen Interesse, sondern auch im Sinne der Umwelt. Überflüssiges Nitrat reichert sich nämlich nicht nur in der Pflanze, sondern auch im Boden und Trinkwasser an. Mittlerweile haben allerdings auch viele konventionelle Bauern ein Einsehen und sich zumindest zum sogenannten „integrierten" Anbau durchgerungen. Sie verfahren jetzt nach dem Prinzip: Soviel Dünger wie nötig und so wenig wie möglich – was in der Praxis zu einer Reduzierung der Düngermenge geführt hat.

Bei Gemüse, das dazu neigt, Nitrat anzureichern, sollte man aber unabhängig von Bio- oder konventionellem Anbau bestimmte Regeln einhalten:

- Im Winter nur in Maßen genießen!
- Pflanzenteile, die besonders viel Nitrat enthalten (Stiele, Strünke, dicke Blattrippe), entfernen.
- Bei geschlossenen Gemüsen wie Kohl die äußeren Blätter entfernen.
- Kochwasser nicht weiterverwenden, sondern wegschütten.
- Nitrathaltige Gemüsesorten nicht länger als zwei Tage lagern, nicht langsam abkühlen lassen und vor allem nicht wieder aufwärmen, weil sich dabei Nitrit bildet.

Alte Gemüse – frisch auf den Tisch

Wir haben einen Streifzug quer durch Supermärkte, Gemüse- und Bioläden gemacht, um einmal festzustellen, welche traditionellen Gemüsesorten man überhaupt noch bekommt. Erfreulich: Vieles, was wir schon verloren glaubten, erfreut sich mittlerweile wieder wachsender Beliebtheit – die gute alte Steckrübe zum Beispiel, die manchen sicherlich noch an die Nachkriegszeit erinnert.

Neben diesen – man kann fast sagen – „alten Exoten" finden Sie aber auf den folgenden Seiten auch Gemüsesorten, die nie wirklich verschwunden waren: Rote Bete und Schwarzwurzeln zum Beispiel, an die sich viele aber nicht herantrauen, weil ihnen die entsprechenden Kochkenntnisse fehlen. Das läßt sich ändern!
Wir haben für jedes vorgestellte Gemüse die Zubereitungsweise angegeben, sowie kleine Rezepte zum Nachkochen. Ab *Seite 50* finden Sie außerdem viele leckere Rezepte von Starkoch Dieter Müller.

Wurzeln und Knollen

Pastinaken (1)

Pastinaken gelangten vermutlich mit den römischen Truppen bei ihren Eroberungszügen nach Nordeuropa. So hat man Pastinakensamen in der Römersiedlung Xanten am Niederrhein gefunden.
Die weißen, oben bauchigen Pfahlwurzeln ähneln im Geschmack den Mohrrüben, enthalten aber mehr Zucker, sind also noch süßer. Wegen des hohen Zuckergehaltes bereitete man früher aus Pastinaken sogar Marmelade und Wein zu. Pastinaken schmecken am besten, wenn sie etwa 20 Zentimeter groß und ungefähr 300 Gramm schwer sind. Größere und auch ältere Wurzeln sind meist holzig.
Beim Schneiden fühlen sich die Wurzeln ein bißchen wattig an, weil sie weniger Wasser enthalten als die der meisten anderen Gemüsesorten.
Heute findet man Pastinaken auf der Zutatenliste diverser Fertigprodukte, vor allem in Babynahrung. Sie enthalten viel Vitamin E und verschiedene Vitamine der B-Gruppe.
Pastinaken sind ein Wintergemüse. Angeblich sind die Wurzeln am besten, die schon den ersten Frost abbekommen haben.

Zubereitung
Pastinaken sollten ihrer harten Schale wegen geschält werden. Das geht am besten mit einem einfachen Kartoffelschäler von oben nach unten. Wegen des geringen Wassergehaltes der Wurzeln gart man sie nur halb so lange wie Möhren – also je nach Größe der Stücke fünf bis zehn Minuten. Am besten dünstet man sie in wenig Wasser oder glasiert sie (siehe *Tip Seite 12*). Glasieren unterstreicht das süße Aroma besonders gut.

1

Dieter Müllers Küchentip
Um Gemüse zu glasieren, kocht man größere Gemüsestücke in leicht gesalzenem Wasser bißfest, schreckt sie kurz in Eiswasser ab und schwenkt sie dann bei mittlerer Hitze in Butter und ein bis zwei Eßlöffeln Wasser, bis das Wasser verdampft ist.

Tip
Raspeln Sie die geschälten Wurzeln und essen Sie sie mit ein wenig Zitrone und Gewürzen (Salz, Pfeffer, evtl. Curry und Koriander) abgeschmeckt als Rohkost. Dazu passen frische Ananas und geröstete Wal- oder Haselnüsse.
Die geraspelten Pastinaken lassen sich auch als Gratin zubereiten. Dazu gart man sie ein paar Minuten lang in Butter, würzt sie mit Salz und Pfeffer, gibt einige Löffel Sahne dazu und streut eventuell Semmelbrösel darüber. Das Ganze wird mit ein paar Butterflöckchen bei ca. 200 °C etwa 30 Minuten überbacken.

Starkoch Dieter Müller verrät im Rezeptteil auf *Seite 58* sein Rezept für eine Pastinakensuppe mit Gambas.

2

Mohrrüben (2)

Die Urgroßmutter unserer heutigen Gartenmöhre wuchs wahrscheinlich schon in der Steinzeit in Mitteleuropa. In der Römerzeit berichtet der Geschichtsschreiber Plinius, daß Kaiser Tiberius sich Mohrrüben aus Germanien kommen lasse. Bis ins 17. Jahrhundert wurden allerdings vorwiegend gelbe und dunkelrote Mohrrüben angebaut, erst danach begannen die Holländer mit der Zucht der orangefarbenen Sorten. Heute sind sie das beliebteste Wurzelgemüse in Deutschland überhaupt. Statistisch gesehen verzehrt jeder Bundesbürger pro Jahr 3,5 Kilogramm Möhren. Verkauft werden schnellwachsende Frühlingssorten – vorwiegend aus dem Treibhaus –, Sommermöhren, Spät- oder Dauermöhren, die im frühen Herbst geerntet werden und gut lagerfähig sind, sowie sogenannte Karotinmöhren, die vorwiegend für die Lagerung angebaut werden. Die späten Sorten haben einen höheren Ballaststoffgehalt, dafür schmecken die frühen Sorten zarter. Bevorzugen Sie Möhren aus dem Freiland auch im Hinblick auf den Nitratgehalt, denn der ist bei Treibhausmöhren ziemlich hoch.
Möhren enthalten sehr viel Beta-Carotin (Provitamin A), das in unserem Körper zum Teil in Vitamin A umgewandelt wird.

Vitamin A
Vitamin A ist am Sehvorgang beteiligt und wichtig für den Stoffwechsel der Haut und Schleimhaut sowie für unser Immunsystem. Vitamin-A-Mangel kann sich zum Beispiel durch Nachtblindheit bemerkbar machen.

Einer Statistik der Deutschen Gesellschaft für Ernährung (DGE) zufolge herrscht in Deutschland latenter Vitamin-A-Mangel. Bei Männern steht einer empfohlenen Zufuhr von 1,2 Milligramm pro Tag eine tatsächliche Zufuhr von 1,0 Milligramm gegenüber; bei Frauen ist das Verhältnis 1,2 Milligramm (empfohlene Menge) zu 0,8 Milligramm (tatsächliche Zufuhr) noch ungünstiger.

Im Gegensatz zu dem Carotin, das in grünblättrigen Pflanzen wie Grünkohl und Spinat enthalten ist, ist das Carotin der Mohrrübe relativ hitzebeständig, das heißt auch beim Kochen werden nur etwa zehn Prozent dieses wertvollen Stoffes zerstört. Allerdings braucht der Körper, um Carotin besser verwerten zu können, Fett. Deshalb sollte man Mohrrüben immer mit etwas Butter, Öl oder Sahne zubereiten.

Zubereitung
Da das wertvolle Beta-Carotin vor allem in der Rinde der Möhren sitzt, sollte man sie möglichst nicht schälen, sondern nur gut abbürsten. Am besten schmecken Möhren glasiert (siehe *Tip links*) mit Petersilie bestreut. Junge Frühjahrsmöhren sind nach fünf bis zehn Minuten gar; die kräftigeren Herbstmöhren brauchen etwas länger.

Tip
Genießen Sie Möhren doch einmal geraspelt, mit etwas Zitronensaft und Sahne beträufelt und mit gerösteten gehackten Nüssen, Kürbis- oder Sonnenblumenkernen bestreut als Rohkost.

Im Rezeptteil rührt Dieter Müller auf *Seite 51* einen Möhrensaft mit Honig und Apfelessig an.

Petersilienwurzeln (3)

Wurzelpetersilie ist eine spezielle Petersilienart, die – anders als die Blattpetersilie – lange schlanke oder runde gedrungene Wurzeln ausbildet. Diese Wurzeln ähneln denen der Pastinake, sind aber kleiner und würziger.
Petersilienwurzeln erwähnt schon Homer – allerdings als Futter für die Pferde. Karl der Große ließ sie dagegen für die eigenen Mahlzeiten in seinem Garten anbauen. Heute sind Petersilienwurzeln in vielen Fertigsuppen oder Würzmischungen zu finden. Sie enthalten sehr viel Eiweiß und Vitamin B, außerdem die Mineralstoffe Kalium, Eisen und Calcium.

Kalium
Kalium ist wichtig für den Zellstoffwechsel und außerdem entscheidend an der Reizleitung zwischen den Nervenzellen beteiligt. Kaliummangel, der zum Beispiel durch die Einnahme von Medikamenten gegen Bluthochdruck verursacht werden kann, behindert die Reizleitung und wirkt sich damit auf die Funktionsfähigkeit des gesamten Muskelapparates aus.

Zubereitung
Petersilienwurzeln werden wie Pastinaken oder Möhren gedünstet oder in Brühe gekocht. Wenn man sie viertelt, brauchen sie etwa 20 Minuten zum Garen. In Butter geschwenkt und mit Blattpetersilie gewürzt, schmecken sie gut als Beilage zu Fisch oder Geflügel.

Tip
Besonders gut schmecken Petersilienwurzeln in herzhaften Eintopfgerichten.

Auf *Seite 71* finden Sie eine Petersilienwurzelsauce zu Kalbsschnitzel.

Schwarzwurzeln (4)

Ihren Namen hat die Schwarzwurzel von ihrer dunkelbraunen erdigen Schale. Innen ist die Wurzel weiß und sondert zudem wie Löwenzahn einen weißen Milchsaft ab. Sie ist erst seit dem 16. Jahrhundert als Küchengemüse bekannt. Vorher verwendete man sie als Gegengift gegen Schlangenbisse, wobei die Wirksamkeit bezweifelt werden darf. Schwarzwurzeln sind mit Chicorée verwandt und werden etwa 30 Zentimeter lang.
Früher nannte man dieses Gemüse auch den „Spargel des kleinen Mannes", dabei übertrifft es den Spargel bei der Nährstoffbilanz zum Teil um Längen: Schwarzwurzeln enthalten viermal soviel Kohlenhydrate wie Spargel und mehr als dreimal soviel Eisen und Calcium. Außerdem haben sie einen sehr hohen Vitamin-E-Gehalt, was bei Gemüse selten ist.

Vitamin E
Vitamin E ist für unseren Fettstoffwechsel wichtig, weil es als sogenanntes Antioxidans die ungesättigten Fettsäuren vor der Zerstörung (Oxidation) schützt. Das kommt unseren Zellen und Gefäßen zugute, an deren Aufbau diese Fettsäuren maßgeblich beteiligt sind. Schwangere und alte Menschen haben einen erhöhten Bedarf an Vitamin E, aber auch bei ihnen wird der tägliche Bedarf durch eine ausgewogene Ernährung völlig gedeckt. Eine erhöhte Zufuhr in Form von Vitamin-E-Präparaten, die in den letzten Jahren häufig als „Wundermittel" gegen das Altern angepriesen wurden, ist also überflüssig. Ein Übermaß an Vitamin E kann sogar negative Auswirkungen haben, zum Beispiel Bluthochdruck.

Beim Einkauf sollten Sie darauf achten, daß die Schale nicht beschädigt und die Wurzeln nicht abgebrochen sind, denn dann besteht die Gefahr, daß der milchige Saft ausgetreten und die Wurzel innerlich vertrocknet ist.

3

4

Zubereitung
Schwarzwurzeln haben einen Nachteil: Beim Schälen färben sie auf die Hände ab.

Dieter Müllers Küchentip
Nach der Verarbeitung von stark abfärbenden Gemüsen, zum Beispiel Schwarzwurzeln oder Rote Bete, bekommt man Hände und Arbeitsgeräte wieder sauber, indem man sie mit Zitronensaft abreibt. Das beseitigt zudem intensive Gerüche von Schneidebrettern und anderen Utensilien.

Nach dem Schälen die Wurzeln sofort in Zitronenwasser legen, so behalten sie ihre weiße Farbe. Geben Sie dazu den Saft von einer oder zwei Zitronen in einen Liter Wasser. Schwarzwurzeln schneidet man in etwa fünf Zentimeter lange Stücke und kocht sie wie Spargel: je nach Dicke 10 bis 15 Minuten. Schwarzwurzeln schmecken sehr gut mit einer Bechamelsauce, aber auch einfach in Butter geschwenkt und mit gerösteten Semmelbröseln bestreut. Auf jeden Fall sollte man sie mit etwas Muskatnuß oder -blüte würzen.

Tip
Aus dem „Praktischen Kochbuch" von Davidis-Holle aus dem Jahr 1914, das man als echten Kochbuchklassiker bezeichnen kann, haben wir folgende Anregung für die Zubereitung von Schwarzwurzeln entnommen: „Eine Viertelstunde vor dem Anrichten gibt man gestoßenen ungesüßten Zwieback oder gelbgeschwitztes Mehl und nach Belieben Muskatblüte daran." Die Wurzeln servierte man dann vermischt mit gekochten Fleischklößchen zum Braten. In England wurden die fertiggekochten Wurzeln in Butter und geriebenem Parmesankäse geschwenkt, und in Süddeutschland tauchte man sie in Teig und frittierte sie dann.

Auf *Seite 70* finden Sie Schwarzwurzelgemüse mit Rote-Bete-Küchle und Kalbfleisch von Dieter Müller.

Meerrettich/Kren (5)

Die scharfe zerriebene Wurzel des Meerrettichs wird in erster Linie als Gewürz und weniger als Gemüse genossen. Sie hat einen scharfen frischen Geschmack und paßt zu intensiv schmeckenden Gemüsesorten, Fleisch und vor allem Räucherfisch.
Meerrettich enthält sehr viel Vitamin B und C, darin wird er nur noch von Paprika, Blattpetersilie und verschiedenen Kohlsorten übertroffen. Weiterhin ist er reich an Kohlenhydraten, Kalium und Calcium, an dem es vielen Bundesbürgern einer Statistik der Deutschen Gesellschaft für Ernährung (DGE) zufolge mangelt.

Calcium
Jede Zelle unseres Körpers ist auf Calcium angewiesen: Calcium sorgt für die Stabilisierung von Zellmembranen, ist Baustein für Knochen und Zähne, sorgt für einen regelmäßigen Herzschlag, reibungslose Reizleitungen in Nerven und Muskeln und bei Verletzungen für eine zügige Blutgerinnung. Calciummangel in der Schwangerschaft wirkt sich negativ auf das zukünftige Gebiß des Ungeborenen aus. Kinder, die zuwenig Calcium zu sich nehmen, erkranken später häufiger an Karies. Calciummangel kann sich durch Muskelzucken und Neigung zu Krämpfen bemerkbar machen.

Zubereitung
Meerrettichwurzeln ißt man vor allem roh. Sie schmecken frisch wesentlich intensiver als konservierte Wurzelpaste, denn sie enthalten sehr viel ätherisches Öl, das sich bei der Weiterverarbeitung und vor allem beim Garen schnell verflüchtigt. Unliebsamer Nebeneffekt ist, daß dieses Öl beim Reiben der Wurzeln in den Augen brennt. Deshalb empfiehlt es sich, gleich eine etwas größere Menge zu verarbeiten und portionsweise im Eiswürfelbehälter einzufrieren. Beträufeln Sie die geraspelten Meerrettichwurzeln gleich mit Zitronensaft, damit sie nicht braun werden.

Tip
Zusammen mit Sahne, Joghurt, Crème fraîche oder Apfelmus schmeckt Meerrettich als Dip zu Räucherfisch oder Gemüse, zum Beispiel Schwarzwurzeln.
Aus dem Jahre 1914 stammt folgendes Rezept für eine Orangen-Meerrettichsauce, die man damals zu geräuchertem oder gebratenem Fleisch reichte: „Aus sechs geschälten zerschnittenen Äpfeln, dem Saft von zwei und der abgeriebenen Schale einer Orange, 65 Gramm feinem Zucker und $\frac{1}{8}$ Liter Weißwein wird ein Brei gekocht, den man durch ein Sieb streicht und erkalten läßt. Darunter dann kurz vor dem Servieren eine halbe Stange Meerrettich raspeln."

Ein Rezept für Apfelmeerrettich zu Blutwurstravioli auf Rübstielgemüse und Portweinsauce hat Dieter Müller auf *Seite 56* für uns entwickelt.

Rettich/Radieschen (6a–b)

Rettich (6a) ist eine der ältesten Kulturpflanzen überhaupt. Er wurde bereits im alten Ägypten um 2700 v. Chr. angebaut und diente neben Zwiebeln und Knoblauch den Pyramidenarbeitern als kraftigende Speise nach der harten Fronarbeit. Seinen Namen hat der Rettich vom lateinischen „Radix" (= Wurzel). Seine kleinen Verwandten, die Radieschen (6b), tauchen erst im 16. Jahrhundert in den Garten- und Kräuterbüchern auf.

Bei uns wird Rettich heute vor allem mit Salz zum Brot oder als Salat gegessen. In China und Japan dagegen ist er ein unverzichtbarer Bestandteil der feinen Küche. Die asiatischen Küchenmeister schnitzen filigrane Kunstwerke aus den langen Wurzeln. Man ißt ihn dort roh, gekocht oder süß-sauer eingelegt.
Je nach Jahreszeit werden weißer und rosafarbener Mairettich, weißer Sommerrettich und schwarzer oder violetter Herbst- und Winterrettich geerntet. Die dunklen Sorten schmecken herzhafter und schärfer als die Frühlingssorten. Radieschen gibt es in Rot und Weiß, sie lassen sich leicht selbst im Garten ziehen. Innerhalb von anderthalb Monaten wachsen sie zur Ernte heran und schmecken meist wesentlich herzhafter als die gekauften.

Zubereitung
Rettich ißt man roh, in Scheiben geschnitten oder geraspelt. Die dunklen Rettichsorten müssen geschält, die hellen nur abgeschrubbt werden. In Bayern wird der „Radi" traditionell mit einem Rettichhobel in hauchdünnen Scheiben spiralförmig abgeschabt und mit Salz zu Brezen und Weißbier verzehrt.

Tip
Schneiden Sie den Rettich in feine Scheiben und essen Sie ihn mit wenig Salz als Brotbelag.

Dieter Müller serviert einen Salat von Ochsengaumen mit Radieschen (siehe *Seite 56*).

Sellerie (7)

Sowohl die Römer als auch die alten Griechen weihten Sellerie dem Gott der Unterwelt. Sie bepflanzten ihre Grabhügel damit und bekränzten Denkmäler von gefallenen Helden mit den Blättern. Dabei dürfte es sich aber um den älteren Blattsellerie gehandelt haben, der auch noch während des gesamten Mittelalters vor allem als Heil- und Arzneipflanze angebaut wurde. Selleriesamen gelten noch heute als harntreibendes Mittel bei Blasen- und Nierenleiden.

Die heute bekannten Sellerie-Sorten werden seit dem 17. Jahrhundert gezüchtet. Man unterscheidet drei Varietäten: Den Schnittsellerie, den wir im Kräuterteil näher vorstellen (siehe *Seite 45*), den Knollensellerie (7) und den Staudensellerie. Staudensellerie bildet keine Knolle aus, sondern hohe gerade Stiele, die man schält und – gekocht oder roh – in den Salat schneidet. Staudensellerie heißt auch Bleichsellerie: Zum Bleichen werden die Stengel eng zusammengebunden, so daß sie keine Sonne abbekommen. Mittlerweile gibt es aber auch schon Sorten, denen die hellgrüne Farbe angezüchtet wurde. Leider sammelt Staudensellerie ziemlich viel Nitrat. Die bei uns erhältlichen Selleriestangen kommen zum größten Teil aus Holland.

Zubereitung
Knollensellerie muß mit einem scharfen Messer großzügig geschält werden, um alle Reste der schrumpligen Schale zu entfernen. Damit er sich nicht verfärbt, sollte man die Stücke gleich nach dem Schälen in Zitronenwasser legen. Die Stangen des Staudenselleries schält man, indem man die Fasern von unten nach oben abzieht. Breite Stangen sollte man längs in Streifen schneiden.
Knollensellerie wird kleingeschnitten zum Beispiel als Suppengemüse verwendet. Er schmeckt gut in Eintöpfen und klaren Fleisch- oder Gemüsesuppen. Kleine Selleriewürfel sind nach etwa zehn Minuten gar, größere Stücke (Viertel) brauchen doppelt so lange.

Tip
Besonders gesund und schmackhaft ist ein Rohkostsalat aus geraspeltem Knollensellerie, leicht gerösteten, zerstoßenen Walnüssen, Kiwi, Pfirsich oder Ananas und einer Sauce aus Zitronensaft und Crème fraîche oder Sahne, die mit Salz, Pfeffer, Curry, Honig und eventuell einigen Blättchen Minze abgeschmeckt wird.
Eine ideale Ergänzung der knorrigen Knolle sind andere Wurzelgemüse wie Möhren und Pastinaken. So ist ein Püree aus Sellerie, Zwiebeln, weichkochenden Kartoffeln und Möhren sehr lecker. Dazu werden alle Gemüsesorten in größere Stücke geschnitten und gekocht. Der Sellerie braucht dabei etwa zehn Minuten „Vorsprung". Wenn alles gar ist, die Kochflüssigkeit bis auf einen Rest abgießen und das Gemüse gut pürieren – am besten mit dem Pürierstab. Zum Schluß ein Stück Butter hinzugeben und gut unterrühren.

Dieter Müller verrät die Rezepte für Piccata von Sellerie mit Vollkornspaghetti (siehe *Seite 65*) sowie für Staudenselleriescchuppen zu Steinbuttfilet und Safran-Estragonfumet (siehe *Seite 68*).

Rote Bete (8)

Rote Bete, auch Rote Rübe genannt, ist eng mit der Zuckerrübe und dem Mangold verwandt. Mangold war ursprünglich nichts anderes als das Laub der Rüben. Die heutigen Mangold-Sorten bilden jedoch nur noch Blätter und keine Knollen mehr aus.
Die Rote Bete ist die bekannteste Bete, aber es gibt auch weiße, gelborange und sogar rot-weiß geringelte Sorten. Die allerdings muß man schon selber anbauen; im Gemüseladen bekommt man sie normalerweise nicht. Entsprechendes Saatgut erhalten Sie bei den im Anhang angegebenen Bezugsquellen.
Bereits im 4. Jh. v. Chr. stellte ein griechischer Arzt fest, daß die Rübe aufgrund ihres hohen Zuckergehaltes als Honigersatz verwendet werden kann. Einige hundert Jahre später führte diese Erkenntnis dazu, daß aus der roten Mangoldrübe eine Zuckerrübe gezüchtet wurde – die Großmutter unserer heutigen Zuckerrüben. Das war in den siebziger Jahren des 18. Jahrhunderts. Traditionell wird Rote Bete süß-sauer in Essig eingelegt als Salat oder Gemüsebeilage verspeist. Außerdem ist sie einer der Hauptbestandteile des russischen Borschtschs (Kohlsuppe).

Beim Nährstoffgehalt liegt die Rote Bete im Vergleich zu anderen Gemüsesorten im Mittelfeld. Sie ist jedoch gut für die schlanke Linie, denn sie enthält sehr wenig Fett, hat wenig Kalorien und relativ viel Kalium. Allerdings: Blutbildendes Eisen findet man nicht im Übermaß – auch wenn das häufig behauptet wird.
Leider neigt die Rote Bete dazu, viel Nitrat zu speichern. Deshalb sollte man sie möglichst aus kontrolliert-biologischem Anbau kaufen und Kleinkindern nicht allzu häufig auftischen.

Zubereitung
Rote Bete wird ungeschält als ganze Knolle zubereitet. Man gibt sie in ungesalzenes kochendes Wasser und läßt sie in einem gut schließenden Topf etwa eine halbe Stunde kochen. Die Bete ist gar, wenn sie sich beim Draufdrücken weich anfühlt. Anstechen sollte man sie nicht, denn dann blutet sie aus. Nach dem Kochen läßt sich die Haut wie bei Pell-

kartoffeln ganz leicht abziehen. Anschließend kann man die Bete in Scheiben schneiden und in einer Vinaigrette (siehe *Seite 79*) als Salat servieren. In Würfel geschnitten schmeckt Rote Bete auch in Kombination mit anderem Wurzelgemüse, zum Beispiel Möhren, Sellerie, Pastinaken, als Pfannengemüse. Dazu werden die gekochten Gemüsewürfel kurz in Butter gebräunt und mit Crème fraîche und frischen Kräutern verfeinert.

Tip
Hobeln Sie von der Roten Bete ganz feine Scheiben ab, frittieren Sie diese dann in einem hochwertigen Pflanzenfett, zum Beispiel Kokosfett, und lassen Sie sie bei ca. 70 bis 80 °C im Backofen einige Minuten gut abtrocknen. Dazu paßt ein Apfel-Meerrettich-Dip (siehe *Seite 57*), Knoblauchmayonnaise oder Kräuterjoghurt. Auf diese Art frittiert, schmecken auch Sellerie-, Möhren- und Kartoffelstifte und -scheiben sehr lecker. Rote Bete eignet sich auch als Rohkost. Raspeln Sie dazu die geschälten Knollen und vermischen Sie sie mit kleingehackten Zwiebeln, einem ebenfalls geraspelten Apfel und gerösteten Nüssen. Der intensive Geschmack der Roten Bete läßt sich durch etwas Honig und einen säuerlichen Apfel mildern.

Ein Getränk aus Rote Bete und Apfel hat Dieter Müller im Rezeptteil auf *Seite 51* angerührt. Außerdem finden Sie dort die Rezepte für Rote-Bete-Küchle (siehe *Seite 70*), für Borschtsch (siehe *Seite 73*) und für Rote Bete in Sauerrahm zu Matjesfilet (siehe *Seite 54*).

Steckrüben (9)

Mit diesem Wurzelgemüse dürften Menschen, die die Nachkriegszeit erlebt haben, ihre Probleme haben. Denn Steckrübeneintopf war für manche das einzige, was Tag für Tag als warmes Essen auf den Tisch kam. Was damals allerdings Küchenmeister „Schmalhans" aus der Knolle zubereitete, hat nichts mehr mit dem zu tun, was Starkoch Dieter Müller daraus zaubert. Richtig zubereitet, schmecken sie hervorragend. Außerdem sind Steckrüben eines der kalorienärmsten Gemüse und enthalten sehr viel gesundes Carotin. Steckrüben, auch Kohlrüben oder Erdkohlrabi genannt, sind vermutlich im Mittelalter durch eine Zufallskreuzung zwischen Herbstrübe und Kohlrabi entstanden. Am besten schmecken die jungen kleineren Exemplare mit einem Durchmesser zwischen 10 und 15 Zentimetern. Ihr Fleisch ist weißlich-gelb bis aprikosenfarben und schmeckt sehr fein und leicht süß.

Zubereitung
Steckrüben kann man roh (geraspelt) oder gegart essen. Nach dem Schälen wird das Fleisch in Scheiben oder kleine Würfel geschnitten und etwa 15 Minuten gedünstet.

Tip
Sehr gut schmeckt Steckrübenpüree. Dazu püriert man die weichgekochten Steckrübenwürfel mit dem Kartoffelstampfer oder dem Pürierstab und schlägt das Püree zum Schluß kräftig mit einem guten Stück Butter und Crème fraîche auf. Die Steckrübenwürfel können auch etwa zehn Minuten in Butter geschmort und leicht gebräunt werden. Anschließend mit frischer Petersilie bestreuen. Steckrüben schmecken in Kombination mit Curry, Koriander und Früchten (Kiwi, Aprikose) auch gut zu Reisgerichten.

Dieter Müller serviert auf *Seite 61* eine deftige Steckrübensuppe mit Schweinebäckchen.

Kürbis (10)

Kürbisse gibt es in allen Größen, Farben und einer ganzen Reihe verschiedener Geschmacksrichtungen. Die kleinsten Kürbisse sind gerade mal so groß wie eine Kinderfaust, die größten gemessenen Exemplare hatten einen Durchmesser von einem Meter und wogen mehr als 100 Kilogramm.
Heute werden vor allem der Garten- oder Gemüsekürbis (*Cucurbita pepo*) und der Riesenkürbis (*Cucurbita ma-*

Abb. 2: Kürbisse gibt es in allen Größen, Farben und Formen.

sern kratzt man am besten mit einem Eßlöffel aus.
Die Kerne, die man lose zum Knabbern kaufen kann oder die im Brot verbacken werden, stammen in der Regel vom Steirischen Ölkürbis. Aus ihnen wird auch das wertvolle Kürbiskernöl gewonnen. Es ist dunkelgrün, ja fast schwarz, und eine absolute Delikatesse. Verwendet wird es tropfenweise, zum Beispiel als Zugabe zu Salat- oder Gemüsesaucen. Da die Herstellung sehr aufwendig ist, ist Kürbiskernöl teuer (um die 10 Euro pro 0,25 Liter).

xima) verkauft. Unterscheidungsmerkmal dabei ist nicht die Größe, sondern der Stiel. Dieser ist beim Gartenkürbis eckig und beim Riesenkürbis rund. Außerdem unterscheidet man zwischen Sommer- und Wintersorten. Das ist etwas verwirrend, denn beide sind mehr oder weniger zur selben Zeit verfügbar, unterscheiden sich jedoch in der Zubereitung: Sommersorten haben keine Kerne und können quasi mit „Haut und Haar" ungeschält verzehrt werden. Dazu gehören Zucchini und die ähnlich aussehenden Eierkürbisse, die noch deutlicher hell- und dunkelgrün gestreift sind. Sommersorten werden unreif geerntet, schmecken klein am besten und sollten möglichst bald nach der Ernte gegessen werde.
Zu den Wintersorten, die sich problemlos einige Monate lagern lassen, gehört unter anderem der große runde Gartenkürbis. Wintersorten müssen geschält werden. Dazu schneidet man Portionsstücke heraus, die man ohne Probleme in einer Hand halten kann. Die Kerne und die sie umgebenden bitteren Fa-

Abb. 3: Schnitzen Sie doch einmal eine Laterne aus Ihrem Kürbis. Das ist besonders bei Kindern sehr beliebt.

Zubereitung
Ein weiser Mönch hat gesagt: „Kürbsen sollen auf alle Gattung wol gepfeffert sein." Das gilt auch heute noch, denn das Kürbisfleisch hat einen eher dezenten Eigengeschmack, eignet sich aber gut als Geschmacksträger. Größere Kürbisse sollte man in Würfel oder Stifte schneiden, im Schnellkochtopf sind sie dann nach gut zehn Minuten gar; im normalen Topf dauert es 15 Minuten.

Tip
Feine, mit dem Kartoffelmesser abgeschälte Kürbisscheiben lassen sich auch gut als Gemüsechips in hochwertigem Pflanzenfett, zum Beispiel Kokosfett, frittieren.
Im Kochbuchklassiker „Davidis-Holle" aus dem Jahr 1914 ist zu lesen, man solle den entkernten und in mundgerechte Stücke zerkleinerten Kürbis mit einer feingeschnittenen Zwiebel und drei zerteilten Tomaten in Butter anbraten, dann ⅓ Liter Fleischbrühe, Salz und Pfeffer dazugeben und alles weich schmoren lassen. Die Sauce dann binden und „das Gemüse beim Anrichten leicht mit gerösteten Semmelkrumen" bestreuen.

In unserem Rezeptteil finden Sie auf *Seite 62* eine Kürbiscreme mit Wirsingroulade, ein Kürbiskernparfait zu Quittensuppe (siehe *Seite 77*) und ein Kartoffel-Zucchini-Gratin (siehe *Seite 63*), und auf *Seite 57* serviert Dieter Müller eine Wachtelbrust im Filoblatt auf Kürbisgemüse.

Blattgemüse

Mangold (11)

Mangold war bis Anfang des Jahrhunderts ein hochgeschätztes Gemüse, das man dem Spinat noch vorzog. Er enthält viel Calcium und Kalium. Man unterscheidet Blatt- und Stengelmangold. Der Blattmangold hat recht schmale Blattstiele und große Blätter, die man wie Spinat kocht, der Stengelmangold dagegen breite Mittelrippen, die man wie Spargel zubereitet. Erhältlich ist Mangold mit grünen und roten Stielen und Blattansätzen.
Beim Einkauf sollte man darauf achten, daß die Stengel nicht länger als 10 bis 15 Zentimeter sind, denn sonst schmecken sie bitter. Blattmangold sollte man möglichst bald verarbeiten, da die Blätter schnell welk werden und an Vitaminen verlieren.

Zubereitung
Schneiden Sie den Mittelstrunk des Mangoldblattes heraus und kochen Sie die Blätter nicht in zu viel Wasser, denn dabei zerfallen sie relativ schnell. Vorsichtiges Dünsten in wenig Flüssigkeit oder Butter ist die bessere Garmethode. Dann sind die Blätter nach fünf bis sieben Minuten gar. Sie können sie anschließend wie Blattspinat, zum Beispiel als Pizzabelag oder Pfannkuchenfüllung, verwenden.

Stengelmangold schmeckt leicht nussig. Vor der Weiterverarbeitung sollte man die Fasern abziehen und die Stengel in Stücke schneiden. Sie werden etwa zehn Minuten im gut verschließbaren Topf gekocht und können dann beispielsweise mit Bechamelsauce, Kräuterquark oder gebräunter Butter serviert werden. Die gekochten Stengel kann man aber auch mit einer Sauce Hollandaise (siehe *Seite 80*) und Butterflöckchen 20 Minuten bei 240 °C im Ofen überbacken.

Tip
Die Blätter eignen sich gut zum Wickeln von Mangoldrouladen. Dazu wird der untere breite Teil des Mittelstiels pyramidenförmig herausgeschnitten, dann die Blätter einige Sekunden blanchieren und die Füllung auf den unteren Blatteil geben und aufrollen. Das Ganze mit einem Faden umwickeln und fixieren. Als Füllung eignet sich zum Beispiel eine Mischung aus Huhn, Knoblauch, Sellerie- und Pfirsichstückchen, gewürzt mit Curry und Koriander, oder ganz konventionell gut gewürztes Hackfleisch. Lassen Sie die Rouladen gar schmoren, zum Beispiel in einer Mischung aus klarer Brühe und Tomatensauce. Das dauert je nach Größe der Rouladen 45 bis 90 Minuten.

Dieter Müller stellt ein Rezept für Kartoffel-Pilz-Piroggen auf Mangoldgemüse vor (siehe *Seite 64*).

11

Dieter Müllers Küchentip
Grünes Gemüse behält seine frische Farbe, wenn man es nach dem Kochen in Salzwasser („bißfest") kurz in Eiswasser taucht.

Spinat (12)

12

Die Araber lernten den Spinat bei ihren nördlichen Nachbarn im Kaukasus und Afghanistan kennen und brachten das Gemüse im Mittelalter mit nach Spanien. Von dort eroberte es sich schnell die Kochtöpfe: Bereits im 16. Jahrhundert galt Spinat als eines der beliebtesten Küchenkräuter. Schon damals gab es Sommer- und Wintersorten, so daß die Versorgung für viele Monate im Jahr gesichert war. Heutzutage wird der größte Teil der Spinaternte eingefroren und als Tiefkühlkost verkauft.

Zubereitung
Frühlingsspinat ist sehr zart und kann sogar roh als Salat gegessen werden; die Herbstsorten bilden dagegen fleischigere und herber schmeckende Blätter aus. Wegen des hohen Nitratgehaltes sollte man Spinat nicht zu oft essen und vor allem (Klein-)Kindern nicht zu häufig auftischen. Um den Nitratgehalt zu senken, sollten Sie zunächst die besonders nitrathaltigen Pflanzenteile wie äußere Blätter, Strünke und Blattrippen entfernen. Dazu faltet man die rohen Spinatblätter der Länge nach und zieht den Stiel mitsamt der Blattrippen nach oben hin ab. Danach werden die Blätter mehrmals gut gewaschen und in einem großen Topf mit sprudelndem Wasser kurz gar gekocht. Gießen Sie das Kochwasser weg!
Spinat hat einen mittleren Gehalt an Nährstoffen. Die Mär vom extrem hohen Eisengehalt hält sich allerdings noch immer hartnäckig, obwohl mittlerweile bekannt sein dürfte, daß dieser auf einem Schreibfehler aus der Nachkriegszeit beruht.

Zwei Rezepte dazu von Dieter Müller: Auf *Seite 66* finden Sie einen Spinatflan mit Forellenfilet und Paprikasauce und auf *Seite 63* Überbackenen Blattspinat mit Champignon rosé.

Kohl

Kohlgemüse ist nach wie vor das in Deutschland am meisten angebaute Gemüse. Jährlich werden hier gut 600000 Tonnen Kohl geerntet. An erster Stelle steht dabei Weißkohl, dann folgt Blumenkohl, Rotkohl, Wirsing, Kohlrabi, Grünkohl und zuletzt der Rosenkohl. Alle Kohlsorten sind verhältnismäßig anspruchslos und widerstandsfähig gegen Kälte. Sie sind reich an Vitamin C und enthalten relativ viel Eisen und Folsäure.

Folsäure
Folsäure ist ein wasserlösliches Vitamin der B-Gruppe und wichtig für den Eiweißaufbau und die Bildung von weißen und roten Blutkörperchen. Damit ist sie unerläßlich für die Zellerneuerung im Körper und den Sauerstofftransport. Die von der Deutschen Gesellschaft für Ernährung (DGE) empfohlene Tagesmenge liegt bei 0,16 Milligramm pro Tag (schwangere Frauen und alte Menschen haben einen erhöhten Bedarf an Folsäure). Die tatsächliche Zufuhr ist allerdings wesentlich niedriger. Männer bringen es laut Statistik auf etwa 0,10 Milligramm, Frauen dagegen nur auf 0,07 Milligramm pro Tag.

Brokkoli, Grünkohl und Rosenkohl enthalten die meisten Vitamine, Nährstoffe und Mineralien, wobei Grünkohl bei Carotin (Provitamin A) und Eisen an der Spitze liegt. Brokkoli und Rosenkohl besitzen besonders viel Vitamin C. Der ausgiebige Genuß verschiedener Kohlgemüse unterstützt auch noch auf andere Art und Weise unsere Gesundheit. So wurde in mehreren Studien der letzten Jahre ein Zusammenhang zwischen einem erhöhten Verzehr von Kohlgemüse und einem geringeren Vorkommen bestimmter Krebsarten festgestellt. Diesen Zusammenhang führen die Wissenschaftler vor allem auf den hohen Gehalt an sekundären Pflanzenstoffen (siehe *Seite 7*) zurück.

Dieter Müllers Küchentip
Die blähende Wirkung mancher Salat- und Gemüsesorten, zum Beispiel Kohl, kann man mildern, indem man Salate kurz blanchiert und Gemüse gründlich gar kocht.

Kopfkohl (13 a–d)

Zum Kopfkohl zählt man Weißkohl (13 a) und Rotkohl (13 b) sowie Wirsing (13 c). Wirsing hat von allen den mildesten Kohlgeschmack, insbesondere der zarte Frühlingswirsing. Die dunkelgrünen Herbstsorten schmecken kräftiger, müssen länger garen und passen gut zu deftigen Gerichten.
Eine besonders feinschmeckende Weißkohlart ist der **Spitzkohl** (13 d). Er ist der erste Kohl, der im Frühling auf den Markt kommt, und bekömmlicher als die großen runden Weißkohlköpfe. Darüber hinaus gibt es auch Herbstsorten, die einen etwas festeren Kopf haben. Spitzkohl enthält wie Weißkohl relativ viel Eiweiß, Calcium und Vitamin C.

Zubereitung
Man sollte den in Streifen geschnittenen Spitzkohl nur einige Minuten dünsten und nicht in viel Wasser weichkochen, sonst zerfällt er zu Brei. Die Frühlingssorten eignen sich – wie Chinakohl – als Rohkost oder Salat. Dazu passen geröstete Nüsse oder Cashewkerne, Grapefruit- oder Orangenschnitzel, Croûtons, Käse und gebratener Speck. Die Salatsauce auf der Basis von Zitrone und Joghurt oder Crème fraîche wird mit frischen Kräutern, zum Beispiel ein wenig Minze, abgeschmeckt. Spitzkohlstreifen kann man aber auch mit Möhren, Porree und Zwiebeln im Wok oder in einer großen Pfanne in Butter oder Öl etwa fünf Minuten garen. Dazu schmeckt gerösteter Sesam, Curry, frischer Koriander und Früchte, zum Beispiel Kiwistückchen.

Tip
Aus den langen Blättern des Spitzkohls lassen sich hervorragende Kohlrouladen wickeln. Man blanchiert die Blätter zunächst etwa eine Minute lang und schneidet den unten überstehenden Strunk glatt ab. Gefüllt werden die Blätter zum Beispiel mit gewürztem Hackfleisch oder Reis, Tomaten, Spinat, Zwiebeln und Speck. Eine etwas exotischere Variante ist eine Füllung aus kleingeschnittenem Hühnerfleisch, Curry, Safran und frischer Ananas. Aufgerollt wird vom unteren Blattende, also zunächst das Blattende und dann die Seitenteile einschlagen und aufrollen. Diese Rouladen läßt man dann in Tomatensauce oder Brühe je nach Größe etwa eine Stunde schmoren.

Ein Rezept für Spitzkohlgemüse mit Schweineleiterle und Teltower Rübchen und ein Rezept für Wirsingroulade mit Kürbiscreme von Dieter Müller finden Sie auf *Seite 74* und *Seite 62*. Außerdem verrät der Spitzenkoch dort sein bewährtes Rotkohlrezept mit Rehrückenfilet im Crêpemantel und Lebkuchensauce (siehe *Seite 75*).

Blattkohl (14)

Der Blattkohl ist vermutlich die älteste angebaute Kohlsorte und ähnelt der Wildform am meisten. Der hierzulande bekannteste Blattkohl ist der **Grünkohl** (14). Er bildet stark gekrauste palmenförmige Blätter aus und ist extrem winterhart. Grünkohl sollte vor der Ernte schon Frost abbekommen haben, denn dann ist er bekömmlicher und schmeckt auch milder, weil sich durch den Frost ein Teil der Stärke in Zucker umwandelt. Besonders in Norddeutschland ist Grünkohl beliebt. Dort wird er mit einer würzigen Räucherwurst als „Kohl mit Pinkel" serviert.

Zubereitung
Von den Grünkohlblättern schneidet man vor dem Kochen die holzigen Stiele und die gelben Stellen ab, blanchiert sie dann etwa zwei Minuten, teilt sie in mundgerechte Stücke und kocht diese etwa zehn bis zwanzig Minuten. Traditionell wird Grünkohl zusammen mit gebratenem Speck oder anderem Fleisch gekocht. Bei zu langer Kochzeit färbt sich der Kohl braun, wird unansehnlich und verliert seine wertvollen Inhaltsstoffe.

Dieter Müller serviert auf *Seite 75* seinen Rotkohl auf Grünkohl zum Rehrücken.

13a

13b

13c

13d

14

15

16

17

Rosenkohl (15)

Er ist die jüngste Kohlsorte und hierzulande erst seit dem 18. Jahrhundert bekannt. Rosenkohl bildet einen kräftigen Stengel mit kleinen engstehenden Kohlröschen aus. Er ist ein Wintergemüse und schmeckt – wie Grünkohl – am besten, wenn er bereits Frost abbekommen hat, denn das mildert den Kohlgeschmack etwas.

Zubereitung

Putzen Sie die Röschen, indem Sie den Stengelansatz ein wenig abschneiden und eventuell einige lose Außenblätter entfernen. Im Salzwasser gekocht ist Rosenkohl in 10 bis 15 Minuten gar.
Den feinen Eigengeschmack des Rosenkohls sollte man nicht in einer Mehlschwitze ertränken. Besser schmeckt es, wenn Sie die geputzten Röschen mit ein bißchen Zucker in Butter glasieren (siehe *Seite 12*) oder mit knusprig gebratenem Speck vermischen.

Tip
Eine etwas ungewöhnliche Zubereitungsart, die uns aber besonders gut geschmeckt hat: Den Rosenkohl mit kleingeschnittenen Zwiebeln in Butter anschwitzen und dann in wenig Wasser dünsten. Dabei unterstützt ein Schuß Apfelsaft oder etwas milder Essig das Aroma.

Brokkoli (16)

Brokkoli wird in Deutschland seit Anfang des 19. Jahrhunderts angebaut. Neben dem bekannten grünen, dickstengeligen Brokkoli gibt es auch dunkelrote und gelbe Sorten, von denen manche sehr kleine Köpfchen auf schlanken Stengeln ausbilden.

Zubereitung

Der dicke Stiel des Brokkolis wird geschält und in Stücke geschnitten gegart, die Röschen werden vor dem Garen nur gut gewaschen. Unter Umständen empfiehlt es sich, die Stengelstücke etwas länger zu garen (zehn bis zwölf Minuten) als die zarten Köpfe (fünf bis sieben Minuten).

Tip
Brokkoli schmeckt sehr gut zusammen mit gerösteten Mandeln oder Weißbrotwürfeln.

Blumenkohl (17)

Neben dem bekannten weißen und grünen Blumenkohl gibt es auch rosafarbene und dunkelrote Sorten – und neuerdings auch Mini-Blumenkohle, die nur wenige Zentimeter Durchmesser haben. Blumenkohl – wie auch Brokkoli – ist im Gegensatz zu anderen Kohlsorten frostempfindlich.

Zubereitung

Zu gekochtem Blumenkohl passen wie zum Brokkoli geröstete Mandeln, Semmelbrösel oder Weißbrotwürfel oder einfach etwas gebräunte Butter. Man sollte Blumenkohl nicht aufwärmen, weil dann der Kohlgeschmack unangenehm durchschlägt.

Tip
Blumenkohl kann man nicht nur gekocht, sondern auch blanchiert oder sogar roh als Salat essen. Zerteilen Sie den rohen Blumenkohl in ganz kleine Röschen und vermischen Sie diese mit feingeschnittenen Möhrenstiften, gerösteten Erdnüssen und/oder Sesam, Kiwi, feinen Lauchringen und Käsewürfeln, zum Beispiel Parmesan. Dazu paßt eine Vinaigrette aus gutem Essig (Balsamico- oder Himbeeressig), Sesam- oder Walnußöl, süßem Senf und etwas Honig. Gewürzt wird mit Salz, Pfeffer, Curry, Koriander und eventuell Kümmel. Der Salat schmeckt am besten, wenn man ihn einen Tag ziehen läßt.

Dieter Müller serviert auf *Seite 67* eine Blumenkohl-Brokkoliterrine mit gebratenem Seeteufel und Pinienvinaigrette.

Kohlrabi (18)

Kohlrabi wird vermutlich seit dem 15. Jahrhundert in Nordeuropa gezüchtet. Es gibt rote und weiße Kohlrabisorten, die etwa faustgroß am besten schmecken. Größere Exemplare verholzen leicht. Das gleiche passiert, wenn der Kohlrabi zu lange oder zu warm gelagert wird.

Zubereitung
Kohlrabi muß ziemlich großzügig geschält werden, weil er vor allem zum Rand hin viel Nitrat enthält. Die zarten Herzblätter sollte man mitessen. Kohlrabi kann als ganze Knolle gekocht werden und ist dann nach etwa 30 Minuten gar. Oder Sie schneiden ihn in Scheiben oder Stifte, dann braucht er nur fünf bis zehn Minuten. Zu Kohlrabi paßt sehr gut eine Sauce Hollandaise (siehe *Seite 80*).

Zwiebel & Co.

Botanisch gesehen gehören Zwiebeln, Lauch und Knoblauch zu den Liliengewächsen. Sie zählen zu den ältesten Gemüsesorten überhaupt. Gemeinsames Merkmal ist ihr hoher Gehalt an ätherischen Ölen, die einerseits beim Schälen für die obligatorischen Tränen sorgen, aber auch Appetit und Verdauung anregen.

Dieter Müllers Küchentip
Unangenehmen Zwiebel- oder Knoblauchatem kann man etwas mildern, indem man die Knoblauchzehen vor der Verarbeitung kurz in heißer Milch mit einer Prise Zucker aufkocht und dann zwei Minuten ziehen läßt.
Zwiebeln kann man vor dem Verzehr etwa zwei Stunden lang in lauwarmes Wasser legen.

Abb. 4: Die Zwiebel wurde schon 3200 v. Chr. in Ägypten angebaut und ist heute nach der Tomate das meistverzehrte Gemüse.

Porree (19)

25 Zentimeter lang und drei bis vier Zentimeter dick – das sind in etwa die Idealmaße der langen hellgrünen Stangen. Ihre Farbe resultiert aus der Anbauweise: Porree, auch Lauch genannt, wird in einer etwa 25 Zentimeter tiefen Furche gezogen, die nach und nach mit Erde gefüllt wird, so daß der wachsende Schaft keine Sonne mehr abbekommt und deshalb keine grüne Farbe mehr ausbilden kann. Porree wird fast ausschließlich im Freiland angebaut. Er verträgt selbst den härtesten Frost, das macht ihn im Winter zu einem wichtigen Energielieferanten, denn er enthält im Gegensatz zu anderen Wintergemüsen nur sehr wenig Nitrat. Dafür ist er reich an Calcium, Eisen, Vitamin B, C und E. In den dunkleren Pflanzenteilen ist auch der Carotingehalt relativ hoch.

Zubereitung
Zum Waschen werden die Stangen längs aufgeschnitten (nicht durchgeschnitten!) und die einzelnen Schichten unter fließendem Wasser aufgeblättert, um auch den dort sitzenden Schmutz gründlich zu entfernen. Dünne Lauchstangen kann man wie Spargel zu Bündeln binden und in ausreichend Wasser etwa 15 Minuten lang kochen. In Stücke oder Ringe geschnitten und in Butter oder wenig Wasser gedünstet, ist Porree in fünf bis zehn Minuten gar. Jungen Porree kann man auch fein geschnitten roh im Salat essen. Er paßt gut zu Blattsalaten, Mais, Tomaten und Mohrrüben. Im Kühlschrank läßt sich Porree etwa eine Woche lang verwahren. Vorsicht vor Druckstellen, sie faulen sehr schnell.

Tip
Eine leckere Vorspeise: Kleine dünne Lauchstangen in Butter gar dünsten, in Blätterteig einwickeln und die Rollen im Backofen etwa 15 Minuten bei 200 °C bräunen. Dazu paßt Kräuterquark.

Dieter Müller stellt auf *Seite 58* ein Rezept für eine Kalte Kartoffel-Lauchsuppe mit Liebstöckel und Lachstatar vor.

18

19

Gemüse im Minigarten

Nicht alles, was schon unseren Großeltern schmeckte, können auch wir heute noch so ohne weiteres genießen. Viele Gemüsesorten sind aus den Regalen der Supermärkte verschwunden, zum Beispiel der Gute Heinrich, ein altes Blattgemüse, knackige Mairübchen oder herzhafter Rübstiel. Andere Sorten wie Tomaten, Gurken, Radieschen oder Salate werden zwar in unüberschaubarer Vielfalt angeboten, mit dem Geschmack aber ist es oft nicht weit her. Zugunsten von 08/15-Züchtungen, die schön und einheitlich aussehen, gut zu transportieren und haltbar sind, ist so manche bewährte, schmackhafte Sorte in Vergessenheit geraten. Sie wird nicht mehr oder nur noch von wenigen Züchtern angebaut. Das kann dazu führen, daß solch traditionelle Sorten nicht einmal mehr als Samen vermehrt werden und irgendwann von der Bundessortenliste und aus dem Sortenkatalog der EU gestrichen werden. Danach ist endgültig Schluß mit der ehemaligen Herrlichkeit, denn was auf diesen Listen nicht steht, darf auch nicht gehandelt werden – weder als Samen noch als Pflanzen.
Statt dessen tauchen dann – angeblich neue – Modegemüse auf, zum Beispiel „Rucola". Dieser würzige Salat steht heute in jedem In-Lokal auf der Speisekarte, was zur Folge hatte, daß er mittlerweile in riesigen Monokulturen angebaut wird. Der positive Effekt dieser Entwicklung: Die grünen Blätter sind billig wie nie. Die unangenehme Nebenwirkung: Von ihrem würzigen, leicht bitteren Eigengeschmack ist in vielen Fällen nicht mehr viel übriggeblieben. Was aber viele nicht wissen: Rucola ist alles andere als neu, er gedeiht bei uns schon seit Jahrhunderten – unter dem Namen Rauke.

Nun gehören wir in der Hobbythek sicher nicht zu den Menschen, die der Meinung sind, daß früher alles viel besser war. Das meiste, was unseren Großeltern auf den Tisch kam, hatten sie vorher – wie man so schön sagt – dem Boden in harter Arbeit abgerungen. Waren die Bohnen reif, gab es zwei Wochen lang nichts anderes als Bohnen. Der Rest wurde arbeitsaufwendig für den Winter eingekocht. Wer keinen eigenen Garten hatte, war schlecht bedient – und meist auch schlecht ernährt.

Diese Zeiten wünscht sich wohl niemand zurück. Aber hin und wieder ein paar leckere selbstgezogene Tomaten, Salatblätter oder Kräuter – das geht auch ohne großen Arbeitsaufwand auf kleinem Raum. Dazu reichen eine kleine Ecke im Garten, ein Balkon oder sogar die Fensterbank aus. Die Gemüse- und Kräutersorten, die wir Ihnen vorstellen wollen, brauchen wenig Platz und sind auch sonst recht anspruchslos. Im Anhang finden Sie Adressen, wo Sie das entsprechende Saatgut oder auch Jungpflanzen bestellen können. Bevor Sie sich nun voller Tatendrang die Gartenhandschuhe überziehen, noch ein paar generelle Anbautips. Wir müssen uns hier aus

Platzmangel auf das Wesentliche beschränken. Sehr viel ausführlicher ist die Anzucht und Kultivierung aller Arten von Balkon- und Gartenpflanzen im Hobbythek-Buch „Garten und Balkon" beschrieben.

Vom Samen zur Pflanze

Viele Gemüsesorten und vor allem Kräuter können gleich ins Freiland bzw. in den dafür vorbereiteten Balkonkasten oder -kübel gesät werden. Nach wenigen Wochen zieht man einen Teil der Keimlinge aus, so daß die stärksten Pflänzchen genügend Platz zum Wachsen haben. Die nötigen Abstände sind auf den Samentütchen angegeben. Diese erste junge Ernte kann dann schon als „Anleihe" auf zu erwartende kulinarische Freuden gegessen werden.

Empfindlichere Sorten sollten im Haus vorkeimen. Das hat zudem den Vorteil, daß Sie bereits säen können, wenn draußen noch die letzten Winterstürme toben. Als Keimgefäße eignen sich ausgediente, mit Erde gefüllte Margarinedosen, Obstschälchen oder Joghurtbecher, in die man nur unten ein Loch hineinbohren muß, damit das Wasser abfließen kann. Dort hinein können Sie die Samen streuen und das Ganze dann mit Plastikfolie abdecken, bis

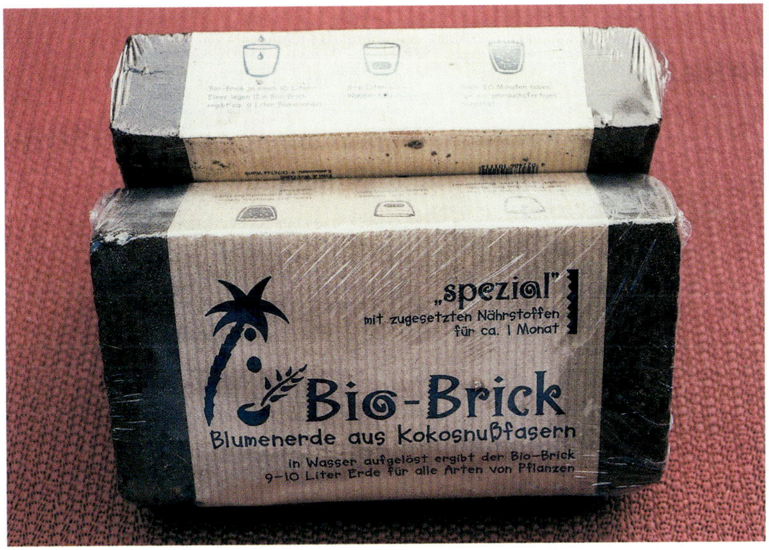

Abb. 5: Verwenden Sie statt Torf lieber Kokoserde. Dabei handelt es sich um einen nachwachsenden Rohstoff, der zudem eine willkommene Verdienstquelle für Länder der sogenannten „Dritten Welt" darstellt.

sich die ersten Keimblätter zeigen. Stellen Sie diese „Säuglingsstation" auf die Fensterbank in die Sonne.

Als Anzuchterde empfehlen wir eine magere Mischung aus Sand und Kokossubstrat. Kokossubstrat besteht aus den feinen getrockneten Fasern der Kokosnuß, die zu einem harten handlichen Block zusammengepreßt sind. Er wird in fünf bis sechs Litern Wasser aufgelöst und ergibt nach kräftigem Umrühren knapp zehn Liter Blumenerde. Diese „Kokosbricks" bekommen Sie mit und ohne zugesetzte Nährstoffe in Bau- und Gartenmärkten und natürlich in den Läden, die die von der Hobbythek empfohlenen Rohstoffe verkaufen (siehe ab *Seite 88*).

Hobbythek-Anzuchterde

1 Teil	Sand
2 Teile	Kokossubstrat ohne zugesetzte Nährstoffe

Vermischen Sie Sand und Kokoserde am besten in einem Eimer mit Litereinteilung, dann können Sie die Mengen besser bestimmen. Nehmen Sie für die Anzucht das Kokossubstrat ohne zugesetzte Nährstoffe, denn die Keimlinge brauchen einen nährstoffarmen Boden.

Pikieren

Bei manchen Pflanzen empfiehlt es sich, eine weitere Zwischenstation auf der Fensterbank einzulegen, bevor man sie auf den Balkon oder in den Garten stellt. Dazu werden die Keimlinge, nachdem sie den zweiten Blattansatz entwickelt haben, pikiert, das heißt sie werden vorsichtig aus der Erde gezogen und in einen eigenen Topf gepflanzt. Sinnvoll ist das zum Beispiel bei Tomaten, die frühestens Mitte bis Ende Mai, wenn kein Nachtfrost mehr droht, ins Freie gepflanzt werden dürfen. Mit Hilfe eines Zahnstochers lassen sich die Keimlinge „ausgraben" und umsetzen, ohne allzugroße Schäden anzurichten. Als Substrat für die Jungpflanzen empfehlen wir folgende Mischung:

Abb. 6: Beim Pikieren werden die Pflänzchen vorsichtig in ein eigenes Gefäß umgesetzt.

2 Teile Blumenerde
1 Teil Kokossubstrat ohne zugesetzte Nährstoffe
1 Teil Sand

In dieser Erde können die Pflänzchen dann weiterwachsen, bis sie ins Freie umgesiedelt werden können.

Problem Torf

Natürlich können Sie den Sand auch mit Torf anstelle von Kokossubstrat mischen. Aus ökologischen Gründen raten wir aber davon ab, denn Torf wird aus Mooren gewonnen, die zu diesem Zweck trockengelegt werden müssen. Auf diese Art und Weise sind bereits riesige Moorflächen auf ewig verlorengegangen, und die dort beheimateten Tiere und Pflanzen haben ihren Lebensraum verloren. Kokosfasern sind dagegen ein nachwachsender Rohstoff und somit umweltfreundlich. Außerdem sind sie eine willkommene Verdienstquelle für Länder, in denen die Einnahmen ansonsten nicht so reichhaltig sprudeln.

Die Bodenbeschaffenheit

Sowohl Gemüse als auch Kräuter gedeihen am besten in guter Gartenerde. Auf dem Balkon tut es normale Blumenerde oder eine Mischung aus Kokossubstrat und Blumen- oder Gartenerde.

Wer ein Gemüse- oder Kräuterbeet im Garten plant, sollte bei der Anlage gleich reichlich gut verrotteten Kompost und eventuell einige Handvoll Hornspäne (Gartenfachhandel) mit untergraben. Damit ist die Nährstoffversorgung zumindest für die ersten Wochen gesichert. Auf dem Balkon kann man hin und wieder – sehr sparsam! – mit handelsüblichem Flüssigdünger nachhelfen. Besser sind natürliche Dünger wie zum Beispiel Hornmehl. Sie wirken zwar nicht so schnell, aber dafür dauerhafter und vor allem ohne Nebenwirkungen (siehe *Seite 10*). Solche Düngemittel bekommen Sie im biologischen Fachhandel oder in Gartengeschäften und Landwirtschaftsgenossenschaften.

pH-Wert

Die meisten Kräuter wachsen am besten in neutralem oder leicht alkalischem Boden. Der pH-Wert, mit dem man den Säuregehalt angibt, sollte bei pH 7,0 bis 7,5 liegen. Die ausgewählten Gemüsesorten sind hier recht anspruchslos und verkraften ohne weiteres Werte zwischen pH 5,0 und 7,5. Gartenerde ist normalerweise neutral. Wenn Sie aber ganz sichergehen wollen, können

Abb. 7 a+b: Die Farbskala des Teststreifens zeigt an, ob Ihre Gartenerde sauer, neutral oder alkalisch ist. Hier handelt es sich um einen neutralen Boden (pH-Wert 7).

Sie den Säuregehalt Ihres Bodens mit Meßstäbchen testen, die man in jedem Gartencenter, in Drogerien oder in der Apotheke kaufen kann. Sehr saure Böden kann man mit kalkhaltigen Bodenverbesserern wie Steinmehl, Holzasche oder Thomasmehl alkalischer machen.

Drainage gegen Staunässe

Der Boden im Nutzgarten darf weder zu fest und lehmig noch zu locker und sandig sein. Ob das der Fall ist, können Sie leicht feststellen: Bleibt das Wasser nach dem Gießen lange auf der Erdoberfläche stehen, ohne zu versickern, ist der Boden zu lehmhaltig und fest. Versickert das Wasser sofort so gründlich, daß bereits kurz nach dem Gießen die oberen zwei bis drei Zentimeter Erde wieder trocken sind, ist die Erde zu sandig und kann kein Wasser speichern. In diesen Fällen muß das Beet erst einmal vorbereitet werden: Graben Sie dazu den Boden ca. 30 Zentimeter tief um und schichten Sie die eventuell abgehobenen Grassoden, den dunklen Oberboden und

Düngung im Garten

Regel 1:
Gartenkompost verwenden. Wenn Nährstoffe fehlen, zusätzlich mit organischen oder mineralischen *Einzelnährstoffdüngern* düngen!

Regel 2:
Sind *einzelne Nährstoffe im Überschuss* vorhanden, weder Mehrnährstoffdünger (Volldünger) noch entsprechende Einzelnährstoff-Dünger einsetzen!

Regel 3:
Bei einem *überversorgten Boden* keine mineralischen oder organischen Dünger zugeben! Mit Kompost darf zur Bodenverbesserung gedüngt werden, aber nicht mit mehr als 2,5 kg/m^2!

den helleren lehmigen Unterboden zu getrennten Haufen auf. Auf den Grubenboden kommen zunächst einige Zentimeter grober Kiesel, kleingehauene Tonscherben oder Ziegelschutt, dann als nächste Schicht die Grassoden, darüber der zu einem Drittel mit Sand vermischte Unterboden. Für die oberste Schicht vermischen Sie den dunklen Oberboden zu etwa einem Drittel mit Humus. So ist das Gemüse- und Kräuterbeet optimal vorbereitet.

Grüne Idylle im Hochbeet

Statt einer Bodendrainage kann man aber auch ein erhöhtes Beet anlegen und in diesem den Pflanzen genau die Bodenbeschaffenheit liefern, die sie brauchen. Als Beeteinfassung eignen sich lose aufgeschichtete Ziegelsteine oder niedrige, in den Boden gerammte Holzpflöcke aus dem Baumarkt. Eine andere Möglichkeit ist ein einfacher Rahmen aus vier miteinander verschraubten, etwa 30 Zentimeter breiten und 2,5 Zentimeter starken, imprägnierten Brettern. (Zum Imprägnieren sollte man aber auf keinen Fall Karbolineum nehmen, denn das reichert sich in den Wurzeln an.) Eine Alternative ist ein schlichter Kindersandkasten, der anstelle von Sand mit Erde gefüllt wird. Das Beet sollte nicht breiter als 1,50 Meter sein, sonst wird das Ernten erschwert. Noch ein Tip: Legen Sie den Boden mit engmaschigem Draht aus, der an den Rändern noch etwas hochgezogen wird. Das hält Mäuse fern.

Erde oder Granulat

Eine Alternative zur Blumenerde ist Tongranulat. Dabei handelt es sich nicht um Hydrokultur, sondern um kleine, nachträglich gebrochene Tonkügelchen, in die man Pflanzen mitsamt ihres Erdballens einsetzen kann. Das Granulat speichert sehr gut Wasser, und die darin wachsenden Pflanzen müssen nur ganz selten gegossen werden. Man benötigt allerdings einen wasserdichten Pflanzbehälter, weil sich auf dem Boden ein Wasserreservoir bildet, aus dem die Pflanzen zehren können. Bei unseren Versuchen hat sich das Granulat Lecadan bzw. Terraton am besten bewährt. Im Hobbythek-Buch „Garten und Balkon" ist genau beschrieben, wie man Pflanzen in diesem Tongranulat ansiedelt.

Tomaten: Balkon kontra Treibhaus

Wenig Geschmack und kaum Nährstoffe – das ist der Ruf der meisten Tomaten aus dem Supermarkt. Vor

Abb. 8: In einem Hochbeet können Sie den Pflanzen genau die Bodenbeschaffenheit liefern, die sie brauchen.

Abb. 9: Im Garten oder auf dem Balkon können Sie aus der großen Vielfalt genau die Tomatensorte anbauen, die Ihnen am besten gefällt und schmeckt.

allem den Früchten aus Holland sagt man das nach. Zum Glück hat sich dies mittlerweile – auf Druck der Verbraucher – ein bißchen geändert. Die Tomaten, die heute auf dem Markt sind, schmecken wesentlich aromatischer als noch vor ein paar Jahren.

Mit selbstangebauten Gartentomaten können aber auch die neuen Aromasorten nicht konkurrieren – das geben sogar viele Tomatenzüchter zu. Denn während erstere noch im sonnigen Garten am Strauch reifen, sind die anderen schon im finsteren Lkw auf europäischen Autobahnen unterwegs. Tomaten für den Handel müssen eben noch relativ fest (und damit unreif) sein, um einen solchen Transport unbeschadet zu überstehen. Außerdem werden sie nach wie vor in riesigen beheizten Treibhäusern auf nährstoffgetränkten Schwämmen in Rekordzeit zur Erntereife gebracht. Und das nicht nur in den gescholtenen Niederlanden, sondern auch bei uns in Deutschland. Hier werden gerade mal 0,5 Prozent der Tomaten unter freiem Himmel angebaut, der Rest wächst genauso unter Glas wie in Holland.
Viele der besonders aromatischen und saftigen Tomatensorten eignen sich nicht für diese Massenproduktion und den Handel: Bei manchen ist die Schale ein wenig rauh und platzt leicht auf, bei anderen entspricht die Form nicht dem allgemeinen Schönheitsideal, oder die Tomate läßt sich nicht gut lagern. Das trifft vor allem auf alte Tomatensorten zu, die unter völlig anderen Voraussetzungen gezüchtet worden sind. Im folgenden haben wir aus der riesigen Vielfalt einige ausgesucht, die sich gut für den Anbau im Garten oder auf dem Balkon eignen.

Gentomate
Flavr Savr, eher bekannt unter der Bezeichnung Anti-Matsch-Tomate, hat eine völlig neue Eigenschaft: Die runde Strauchfrucht wird einfach nicht matschig. Wie lange sie auch vor sich hingammeln mag, sie bleibt hart und fest. Das liegt daran, daß mittels Gentechnik das Reifungsenzym Polygalakturonase ausgeschaltet wird. Der Vorteil: Flavr Savr bekommt beim Transport keine Druckstellen und läßt sich darüber hinaus wochenlang lagern und verkaufen.
1984 hat das Europäische Patentamt in München der kalifornischen Firma Calgene das Patent auf diese erste genmanipulierte Tomate erteilt. Sie wird vor allem in Amerika verkauft, daraus hergestelltes Ketchup und Tomatenmark ist allerdings auch in Europa auf dem Markt.
Von dieser Genmanipulation profitiert nicht der Verbraucher, sondern der Hersteller, weil sich die harten Tomaten besser, das heißt kostengünstiger, ernten und transportieren lassen.
Wissenschaftler am Max-Planck-Institut für molekulare Pflanzen-

20

21

22

23

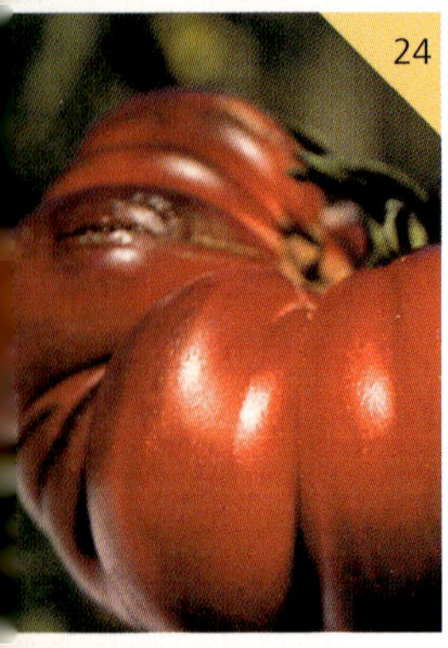

24

25

physiologie in Berlin zerbrechen sich ihre Köpfe dagegen vermeintlich im Dienste der Verbraucher. Sie wollen Tomaten mittels Gentechnik dazu bewegen, den Ballaststoff Inulin zu produzieren. Damit will man dem allgemeinen Ballaststoffmangel in unserer modernen Nahrung entgegenwirken. Über den Nutzen solcher Entwicklungen läßt sich sicher stundenlang streiten und diskutieren. Wer dies tun will, kann als Argumentationsgrundlage das Buch „Gentechnik im Alltag" von Dr. Ellen Norten und Dr. Angela Lindner, herausgegeben von Jean Pütz, zur Hand nehmen.
Wer jedoch regelmäßig Hobbythek schaut, weiß, wie er sich auch ohne Gentomaten ausreichend mit Ballaststoffen versorgen kann. Übrigens: Schwarzwurzeln enthalten auch Inulin – und das ganz von selbst!

Tomaten für Garten und Balkon

Tomaten brauchen viel Wasser und müssen hin und wieder gedüngt werden. Für den Balkon sind am besten kleine Sorten wie Kirsch- oder Birnentomaten geeignet, die noch dazu sehr dekorativ sind. Wenn Sie die Tomaten in den Garten pflanzen wollen, ist es günstig, den Boden bereits im Herbst mit Kompost und einigen Handvoll Hornspänen umzugraben. Dann eine Schicht Mulch, zum Beispiel Rindenmulch, darüber, und der Winter kann kommen. Der Boden sollte allerdings nicht zu lehmig sein. Auf dem Balkon wachsen die Pflanzen auch in herkömmlicher Blumenerde. Ideal ist es, diese Blumenerde im Verhältnis 1:1 mit Gartenerde zu mischen.

Stabtomaten

Da Tomaten viel Sonne zum Reifen benötigen, stehen die Pflanzen vor einer schützenden hellen Mauer, die die Sonne reflektiert, am günstigsten. Stabtomaten brauchen zudem eine Stütze. Dazu eignen sich entweder ein Spalier oder einfache Holzstäbe, an die man die Pflanze anbindet. Angebunden wird der Haupttrieb, und zwar im Abstand von etwa 30 Zentimetern, immer kurz unterhalb der Blütenstände. Es gibt außerdem spiralförmig gewundene Tomatenstangen, bei denen das Festbinden nicht nötig ist.

Bei Stabtomaten sollte man regelmäßig die sogenannten Achseltriebe abkneifen, damit die Kraft der Pflanze nicht in das Laub „schießt", sondern den Früchten zugute kommt. Achseltriebe sind die Triebe, die im Winkel zwischen Hauptstiel und den Seitentrieben hervorsprießen. Aus dem gleichen Grund empfiehlt es sich, im August die oberen Blütentriebe abzukneifen.

Buschtomaten

Buschtomaten werden in der Regel nicht angebunden, sondern wachsen niedrig, zum Teil auf dem Boden liegend. Deshalb sollten Sie diesen rund um die Pflanze abdecken, zum Beispiel mit einer Schicht Rindenmulch. So wird verhindert, daß die Früchte später direkt auf dem feuchten Boden liegen und faulen.

Dünger

Tomaten müssen – gerade im Kübel oder Kasten – während der Wachstumsphase regelmäßig gedüngt werden. Dazu eignen sich die oben genannten natürlichen Düngemittel. Außerdem kann man Tomaten auch mit ihren eigenen Abfällen, zum Beispiel welken Blättern, düngen, die einfach auf den Boden rund um die Pflanze gestreut werden.

Anzucht

Tomatensamen werden ab März ins Anzuchtgefäß ausgesät und, wenn sich die ersten Keimblätter zeigen, pikiert (siehe *Seite 26*). Frühestens ab Ende Mai dürfen die kleinen Pflänzchen nach draußen, denn sie sind sehr kälteempfindlich. Stabtomaten können bis zu zwei Meter hoch werden und brauchen einen Abstand von mindestens 45 Zentimetern. Pflanzen Sie sie also auf dem Balkon in einen ausreichend großen Topf.

Sollten im Herbst noch einige halbreife Tomaten an der Pflanze hängen, kann man diese in einem Eierkarton mit Deckel oder eingewickelt in Zeitungspapier an einem nicht zu kühlen Ort nachreifen lassen. Tomaten sollte man nie im Kühlschrank aufbewahren, da sie dort an Geschmack verlieren.

Klassische hochwachsende Tomatensorten

„Gardener's Delight" (20)
Eine klassische Stabtomate mit süßen, sehr saftigen Früchten, die etwas größer als Kirschtomaten sind und eine dünne Schale haben. Die beliebte Gartentomate taucht in alten Gartenbüchern auch unter dem Namen *„Freude"* auf. In aufwendigen Laborversuchen haben Wissenschaftler herausgefunden, daß diese Sorte ein besonders ausgeprägtes und typisches Tomatenaroma hat.

„Rheinlands Ruhm"
Hierbei handelt es sich um eine 50 Jahre alte Sorte, die nur noch von zwei Züchtern vermehrt wird. Die Pflanze ist widerstandsfähig, ziemlich platzfest und nicht besonders anfällig für Krankheiten. Sie trägt mittelgroße Früchte.

„Brandy Wine" (21)
Diese Sorte wurde 1885 von den Amish-People in Amerika gezüchtet und ist nicht etwa nach dem Alkohol, sondern nach einem Fluß benannt. Sie trägt dicke Früchte (350 bis 450 Gramm) mit einem sehr intensiven Geschmack.

„Marmande" (22)
„Marmande" ist eine alte französische Sorte, die große fleischige Früchte trägt und auch für den Anbau in kühleren Gegenden geeignet ist.

„Weiße Schönheit" (23)
Wie der Name schon sagt, trägt diese Sorte weiße Früchte, die relativ dick und gerippt sind. Das Besondere an ihnen ist der sehr geringe Säuregehalt. Sie schmecken deshalb milder als die meisten anderen Tomaten und sind bei Kindern sehr beliebt.

„Schwarze Rindfleischtomate" (24)
Diese fast schwarze Sorte ist so gut wie ausgestorben. Die „Ferme de Saint Marthe" (Adresse siehe *Seite 90*), die diese Sorte vertreibt, bezog die Samen ursprünglich vom Internationalen Samenrettungsnetz in den USA und vermehrt sie seitdem selbst. Die Tomate bildet große Früchte, deren dunkelrote Farbe an Rindfleisch erinnert.

Kleinere Sorten

„Maiglöckchen" (25)
Diese Sorte trägt längliche, etwa pflaumengroße Früchte, die sehr aromatisch – und am besten direkt vom Strauch – schmecken. Die Pflanze ist sehr ertragreich und widerstandsfähig gegen Krankheiten.

Birnentomaten (26)
Die kleinen birnenförmigen Früchte sind sehr dekorativ und je nach Sorte entweder leuchtend-rot oder gelb. Diese Buschtomaten werden in Deutschland schon seit über hundert Jahren angebaut.

Kirschtomaten (27)
Die kleinen kirschgroßen Früchte sind auch als Cocktailtomaten bekannt und schmecken sehr aromatisch. Es gibt sie in den Farben Rot und Gelb. Rote Früchte trägt zum Beispiel die Sorte *„Lylia Cerisette"*, gelbe die Sorte *„Mirabell"*.

Pfirsichtomaten (28)
Pfirsichtomaten sind eine sehr seltene Variante, denn die pflaumengroßen roten oder gelben Früchte haben eine leicht pelzige, pfirsichähnliche Haut.

Wildtomate (29)
Diese Johannisbeertomate (*Lycopersicon pimpinellifolia*) ist eine der südamerikanischen Vorfahren unserer modernen Tomatensorten. Sie trägt johannisbeergroße, sehr aromatische Früchte und wird etwa einen Meter hoch.

„Phyra"
Diese Kultursorte ist sehr eng mit der oben beschriebenen Wildtomate verwandt. Sie trägt ebenfalls johan-

26

27

28

29

30

31a

31b

32

nisbeergroße Früchte, die sich auch gut zum Dekorieren eignen. *„Phyra"* verträgt relativ gut Kälte.

Salat und Blattgemüse: Frisch aus dem Blumentopf

Salat und Blattgemüse braucht ausreichend und vor allem regelmäßig Wasser und ab und zu etwas Dünger. Salat gedeiht am besten dort, wo er im Frühjahr und Herbst Sonne abbekommt, im heißen Sommer aber etwas Schatten hat.

Feldsalat/Rapunzel (30)

Der Feld- oder Ackersalat hat fast in jeder Gegend einen anderen Namen: So heißt er in der Schweiz Nüßli-, in Österreich Vogerlsalat, er ist auch unter den Namen Mäuseöhrchen, Fettmännchen, Rebkresse, Nissel, Rapünzchen oder Rapunzel bekannt.

Feldsalat wurde bereits im 16. Jahrhundert hierzulande verspeist. Damals sammelte man die Pflänzchen, die als Unkraut auf den Äckern wuchsen, noch wild. Doch schon im 17. Jahrhundert war man auf den Geschmack gekommen und baute den gesunden Salat im eigenen Garten an. Feldsalat enthält dreimal soviel Vitamin C und Carotin wie Kopfsalat und ist somit ein idealer Vitamin- und Energiespender im Winter.
Es gibt kleinblättrige Sorten, die als Ganzes verzehrt werden, und großblättrige, von denen man nur die Blätter ißt. Da die maschinelle Ernte sehr aufwendig ist, kostet Feldsalat relativ viel – ein guter Grund, ihn selbst anzubauen: Gesät wird gleich ins Freie, entweder im Juli für eine Ernte im Herbst, Ende August für eine Ernte im Winter oder ganz zeitig im Frühjahr für eine Ernte im Mai.
Eine alte französische Sorte ist *„Verte de Cambrai"*. Sie hat kleine runde, nussig schmeckende Blätter.

Pflücksalat (31 a–b)

Pflücksalate bilden keine Köpfe und können geerntet werden, sobald die Blättchen einige Zentimeter groß sind – und das mehrmals, denn die Blätter wachsen nach, wenn man beim Pflücken das Salatherz stehen läßt. Pflücksalat sollte ganz frisch gegessen werden, denn die Blätter fallen schnell zusammen und welken.
Gesät wird von März bis August in Reihen mit ca. 20 bis 25 Zentimetern Abstand.
Eine ganz alte Pflücksalat-Sorte ist der grüne und rote Eichblattsalat (31 a). Der klassische Eichblattsalat, der schon im 18. Jahrhundert angebaut wurde, ist *„Oak Leaf"*. Aus ihm wurden die Sorten *„Salad Bowl"* und *„Red Salad Bowl"* gezüchtet, die heute vorwiegend verkauft werden. Alle drei haben wie Eichenblätter gezackte Blätter. Weitere Pflücksalatsorten sind *„Lollo rosso"* (rot) und *„Lollo bionda"* (grün) (31 b).

Bindesalat/Römischer Salat (32)

Dieser Salat gilt als einer der urtümlichsten Salatsorten überhaupt. Er ist auch unter den Namen Romana- und Spargelsalat erhältlich. Er bildet längliche hochstehende Blätter, die bei alten Sorten kurz vor der Reife mit Bast zusammengebunden wurden, damit die inneren Blätter, die dadurch im Dunkeln wuchsen, gebleicht wurden und zarter schmeckten. Die Blätter des Römischen Salates sind fleischiger als die des Kopfsalats und können auch in wenig Wasser „bißfest" gedünstet werden (ca. fünf Minuten) – so schmecken sie gut als Beilage zu Geflügel und Reisgerichten.
Gesät wird von April bis Mitte Juli im Abstand von etwa 30 Zentimetern.

Eine alte Sorte, die 1880 als *„Romaine Lebouef"* erstmals erwähnt wurde, ist *„Little Gem"*, ein kleiner Salat mit gewellten Blättern und knackigem Herz. Eine weitere alte Sorte ist *„Little Leprechaum"*. Sie bildet rote geschlossene Köpfe aus und wird 30 bis 35 Zentimeter groß.

Misticanza (33)

Misticanza, französisch Mesclun, ist eine Mischung unterschiedlicher Salatsorten, die in italienischen und französischen Bauerngärten traditionell in buntem Durcheinander wachsen. Die jungen Blätter werden wie Pflücksalat laufend geerntet. Dabei darf man aber nicht zu tief über dem Boden abschneiden, damit die Pflänzchen erneut austreiben können. Das Besondere an dieser Samenmischung ist, daß alle Bestandteile eines leckeren gemischten Salates zusammen im Balkonkasten heranwachsen: Kopfsalat, Endiviensalat, Chicorée, Löwenzahn, Kerbel, Rauke, Senf und der seltene Krähenfußwegerich. Gesät wird von April bis Juni direkt ins Freiland oder den Kasten.

Rucola/Rauke (34)

Auch Senfkohl, Ölrauke oder Raukenkohl genannt, ist Rucola der absolute Modesalat, der in Italien wegen der explosionsartig gestiegenen Nachfrage mittlerweile in riesigen Monokulturen angebaut wird. Dabei ist nichts leichter, als ihn im heimischen Garten oder auf dem Balkon selbst zu ziehen. Man sät ab März gleich ins Freie. In milden Gegenden ist auch eine Herbstaussaat möglich, anderswo muß man die Pflänzchen abdecken, zum Beispiel mit einer Folienkonstruktion. Geerntet wird nach etwa 40 Tagen, wenn die Blätter gut sieben Zentimeter lang sind. Rauke wächst in der Sonne oder im Halbschatten.

Portulak/Postelein (35)

Portulak ist ein uraltes Gemüse, das bereits im 4. Jh. v. Chr. in Griechenland angebaut wurde. Es hat viel Vitamin C, und die saftigen Blätter und Stengel schmecken sehr erfrischend – leicht salzig und säuerlich. Gesät wird im späten Frühjahr oder Frühsommer gleich an Ort und Stelle, wenn die Temperaturen nicht mehr unter 10 °C sinken. Drei Wochen später können die drei bis fünf Zentimeter hohen Blätter geerntet werden.

Zubereitung
Am besten schmeckt Portulak roh im Salat, doch man kann ihn auch in wenig Wasser kurz dünsten (etwa zwei bis drei Minuten). Dabei zerfällt er allerdings sehr schnell. Portulak schmeckt besonders gut zu Kartoffelgerichten und Fisch.

> ***Tip***
> Ein altes Rezept von 1914: Zwiebackkrümel in Butter leicht rösten und Portulakblätter darin anschwitzen. Dann „mit so viel Bouillon aus Maggis Bouillonwürfeln versetzen als nötig ist" und zum Schluß mit dicker Sahne oder einem Eidotter anrühren.

Winterportulak

Hierbei handelt es sich um einen Verwandten des Gartenportulaks, der ab Juli ins Freie gesät wird und den ganzen Winter hindurch geerntet werden kann. Die Pflanzen müssen deshalb auch im Winter regelmäßig gegossen und am besten etwas abgedeckt werden, zum Beispiel mit Reisig. Mit Winterportulak sollen sich schon die amerikanischen Goldgräber im letzten Jahrhundert vor der Mangelkrankheit Skorbut geschützt haben; er enthält also viel Vitamin C. Winterportulak wird wie Portulak zubereitet.

Brunnenkresse (36 a)

In der freien Natur wächst Brunnenkresse in seichten, fließenden Gewässern, zum Beispiel an und in Bächen. Sie liebt also triefend nassen, besser noch richtig schlammigen Boden. Auf dem Balkon tut es auch ein wasserdichter Pflanzbehälter. Diesen füllt man mit einem Gemisch aus Blumenerde und Sand (Verhältnis etwa 1:1) und gießt dann soviel Wasser hinein, bis das Substrat ebenso schlammig ist wie die Erde am Bachrand. Brunnenkresse schmeckt sehr würzig und ist eine der vitamin- und mineralstoffreichsten Gemüsesorten überhaupt: Sie enthält viel Eisen und Calcium, hat einen der höchsten Jodgehalte aller heimischen Gemüse, viel Provitamin A und vor allem Vitamin C. In Regionen mit mildem Winter kann man die Triebspitzen

33

34

35

36 a

der Brunnenkresse das ganze Jahr über ernten. Die reiferen Blätter schmecken besser als die noch ganz jungen, aber man sollte auf jeden Fall Triebe ernten, die noch nicht blühen. Nach der Blüte werden die Blätter nämlich hart.

Zubereitung
Man ißt Brunnenkresse als herzhaften Salat, kombiniert mit anderen Blattsalaten wie Löwenzahn, Rauke oder Portulak. Dieter Müller bereitet auf *Seite 51* einen kulinarischen Hochgenuß zu: Gebackene Austern auf Kressepüree mit Tomatencoulis.

Kapuzinerkresse (36b)

Ihren Namen hat die Kapuzinerkresse angeblich wegen der Form ihrer Blüten erhalten, die an Mönchskutten erinnern. Sie blüht gelb-orange, weiß, lachsfarben oder sogar dunkelrot und ist eine wunderbare und obendrein eßbare Alternative zu Geranien im Balkonkasten. Gesät wird ab März ins Saatgefäß oder von Mai bis Juli gleich ins Freie. Die Samen keimen innerhalb von einer Woche; am besten entwickeln sich die Pflanzen in guter Gartenerde.

Zubereitung
In der Küche werden sowohl die jungen Blätter als auch die Blüten verwendet. Sie schmecken leicht pfeffrig-süß und passen zu Salaten oder als „Tupferl" auf ein Brot mit Frischkäse. Früher wurde Kapuzinerkresse wegen ihres hohen Vitamin-C-Gehaltes auch als Heilmittel gegen Skorbut verwendet.

Tip
Die jungen geschlossenen Blütenknospen kann man in Essig einlegen und wie Kapern verzehren. Laut Rezept aus dem Jahre 1914 gehören neben den Knospen noch folgende Zutaten in den Essig: „Pfeffer, Nelken, Dragon (= Estragon) und Meerrettich." Solche „deutschen Kapern" waren ein klassischer Bestandteil von Mixed Pickles.

Guter Heinrich (37)

Anfang des Jahrhunderts wuchs der Gute Heinrich noch überall in den Gemüsegärten und wurde anstelle von Spinat gegessen. Mittlerweile mußte er dem Spinat aber völlig das Feld überlassen, obwohl er eigentlich in der Küche vielseitiger verwendbar ist. Denn neben den Blättern können auch die jungen Triebe und Stengel gegessen werden. Der gute Heinrich wird etwa 60 Zentimeter hoch und bildet dekorative gelbgrüne Blütenrispen aus.

Zubereitung
Man kocht die Triebe und Stengel wie Spargel (10 bis 15 Minuten) und schwenkt sie dann in zerlassener Butter. Von älteren Stengeln sollte man vor dem Kochen die Fasern abziehen.

Erdbeerspinat (38)

Erdbeerspinat ist ein enger Verwandter des Guten Heinrichs. Er wird leider nur noch in botanischen Gärten kultiviert, ansonsten ist er – zumindest in Mitteleuropa – ausgestorben. Erdbeerspinat stammt vermutlich aus Amerika, denn in europäischen Quellen taucht er erst in der Zeit der Entdeckungen im 16. Jahrhundert auf. Die roten Beeren, die wie Erdbeeren aussehen und dem Erdbeerspinat seinen Namen gegeben haben, sind zwar auch eßbar, schmecken aber nicht besonders aromatisch.

Zubereitung
Die Blätter kann man in wenig Wasser dünsten oder in Butter anschwitzen. Jung schmecken sie auch als Salat.

Auch wenn dieses Gemüse in kulinarischer Hinsicht vielleicht verzichtbar ist, sollte man ihm doch ein Eckchen im Garten reservieren, denn Erdbeerspinat ist außerhalb von botanischen Gärten kaum noch zu finden.

Rüben: Kleine Knollen für den Kasten

Rüben galten früher als Arme-Leute-Essen – zu Unrecht. Denn wie Dieter Müller im Rezeptteil beweist, läßt

sich auch der gehobene Geschmack damit zufriedenstellen.
Zwei Arten von Speiserüben lassen sich wegen ihrer geringen Größe sehr gut selbst anbauen: Mairüben und Teltower Rübchen.

Mairüben (39)

Mairüben sind die jungen Rübchen, die ab April ins Freiland gesät und – wie der Name schon sagt – ab Mai geerntet werden. Die etwa fünf Zentimeter großen runden Knollen haben ganz zartes helles Fleisch.
Man drückt immer drei Samenkörner in ein etwa ein Zentimeter tiefes Pflanzloch (zehn Zentimeter Abstand) und läßt später von den etwa drei Zentimeter hohen Pflänzchen nur die kräftigsten stehen. Nach vier bis sechs Wochen kann geerntet werden.

Zubereitung

Man kann Mairüben roh wie Radieschen essen oder fünf bis zehn Minuten dünsten. Sie passen als Beilage zum Beispiel zu Wild.

Teltower Rübchen

Das sind die nächstgrößeren Verwandten der Mairüben. Teltower Rübchen sind eine alte regionale Spezialität, die zuerst im Berliner Stadtteil Teltow angebaut wurden. Man sät sie wie Mairüben, allerdings erst im August, aus, vereinzelt später auf etwa 15 Zentimeter Abstand und kann dann im Spätherbst ernten.

Eine Sorte, die bereits Goethe geschätzt haben soll, ist die Rübe mit dem Namen *„Petrovski"*. Sie wird etwa acht Zentimeter lang und drei bis vier Zentimeter dick, schmeckt würzig-süß und ist eine leckere Beilage zu Fleisch.

Zubereitung

Teltower Rübchen kann man in Stücke geschnitten fünf bis zehn Minuten dünsten oder glasieren (siehe *Seite 12*), aber auch gerieben als Rohkost verzehren.
Dieter Müller hat sie für unseren Rezeptteil mit Spitzkohl und gebratenen Schweineleiterle (siehe *Seite 74*) zubereitet.

Stielmus/Rübstiel (40)

Stielmus ist eine traditionelle Spezialität aus dem Rheinland. Dort ist es auch unter den Namen Streif- oder Stengelmus bekannt. Man kochte früher die Blätter zusammen mit Kartoffeln zu einem Brei und servierte diesen recht deftig mit geräuchertem Speck oder fettem Schweinefleisch. Stielmus ist das Laub der Mairüben, das jung geerntet wird. Es gibt allerdings mittlerweile auch Stielmus-Sorten, die keine Rüben mehr ausbilden, sondern nur noch die Blätter.
Gesät wird im März oder von Juli bis Ende August. Die kleinen Pflänzchen treiben nach der Ernte wieder aus, wenn sie nicht zu tief abgeschnitten werden.

Zubereitung

Die Stengel und Blätter schmecken ein bißchen nach Kresse. Dies kommt am besten zur Geltung, wenn man sie jung als Salat zubereitet, zum Beispiel kombiniert mit Rauke. Man kann sie auch in Butter oder wenig Wasser ca. zehn Minuten dünsten. Auf die Art zubereitet passen sie als Beilage zu Kartoffelgerichten, zum Beispiel Gratin, oder gebratenem Fleisch. Man schmeckt den Rübstiel dazu mit Salz, Pfeffer und eventuell Muskat ab und rührt etwas Crème fraîche unter.
Im Rezeptteil finden Sie auf *Seite 56* Rübstiel auf Portweinsauce zu Blutwurstravioli und Apfelmeerrettich.

Vom Nutzen der Kräuter

Abb. 10 a + b: Wunderschön anzusehen und zudem nützlich und schmackhaft sind solche selbst gezogenen Kräuter.

Der Ausspruch Hippokrates' „Eure Nahrungsmittel sollen eure Heilmittel und eure Heilmittel eure Nahrungsmittel sein" gilt für Kräuter in besonderem Maße. Kaum ein klassisches Küchenkraut, das nicht auch in der Heilkunde von Bedeutung war oder ist. Dafür sind neben den enthaltenen Vitaminen und Mineralstoffen vor allem Gerb-, Scharf- und Bitterstoffe sowie die ätherischen Öle der Kräuter verantwortlich, die einen Großteil des Geruchs und Geschmacks ausmachen. Sie regen insbesondere die Produktion von Verdauungssäften in Mund, Magen, Leber, Galle und der Bauchspeicheldrüse an und erleichtern so die Verdauungsarbeit.
Diese positive Wirkung wurde bereits 1942 für eine ganze Reihe von Kräutern belegt, darunter Dill, Estragon, Koriander, Liebstöckel, Thymian, Majoran, Kümmel, Rosmarin und Sellerie. Darüber hinaus lindern viele Kräuter Magen- und Darmbeschwerden wie Blähungen, Völlegefühl und leichte Magenkrämpfe.

Vor allem scharfschmeckende Kräuter und Gewürze wie Pfeffer, Gewürznelken, Senf und Knoblauch zeigen eine antibakterielle, infektionshemmende Wirkung, insbesondere bei Magen-Darm-Infektionen. Schließlich regen einige Kräuter die Durchblutung und damit den Kreislauf an. Das gilt vor allem für Rosmarin, der deshalb auch Bestandteil zahlreicher anregender Badezusätze ist.

Der Kräutergarten Karls des Großen

Bereits unsere Vorfahren wußten die heilsamen Wirkungen der Kräuter zu nutzen. Ein besonderer Freund des würzigen und gesunden Genußes war Karl der Große, der im Jahr 800 in Aachen zum Kaiser über das riesige Frankenreich gekrönt wurde. Er war vermutlich durch das Studium antiker Kräuterglossare auf den Geschmack gekommen und ließ in seiner Aachener Kaiserpfalz einen großen Kräutergarten anlegen, der noch heute existiert.

Da Karl mitsamt seinem Hofstaat jedoch nur selten im heimischen Aachen weilte, sondern kreuz und quer durch sein Reich zog, um Grenzscharmützel niederzuschlagen, Recht zu sprechen und die Diplomatie zu pflegen, verfügte er in einem Kapitel seines berühmten „Capitulare de villis", welche Nahrungsmittel seine Krongüter im ganzen Reich zur Verpflegung des Hofstaates anzubauen hatten. Man wollte schließlich auch auf Reisen gut speisen. Ein Kapitel widmete er den Kräutern. Dort findet man zum Beispiel Zitronenmelisse, Beifuß, Kresse, Kümmel, Lorbeer, Majoran, Salbei, Thymian, aber auch Meerrettich und die Küchenzwiebel. Von Kaiser Karl soll übrigens die klassische Definition der Kräuterpflanze stammen: Der Freund des Arztes und der Stolz des Koches.

Der Kräutergarten

Kräuter sind anspruchslos: Sie brauchen nicht allzu viele Nährstoffe, halten sich Schädlinge durch ihre ätherischen Öle zum Großteil selbst vom Leib und gedeihen auch auf kleinstem Raum. Nur eines benötigen sie im Übermaß: Sonne, und zwar fünf bis sieben Stunden am Tag. Nur wenige geben sich wie Petersilie und Minze auch mit Halbschatten zufrieden oder lieben ihn sogar wie der Waldmeister, der in schattigen Buchenwäldern wächst. Ein- und mehrjährige Kräuter sollte man nicht auf engem Raum nebeneinander pflanzen, denn beim Abernten und Ausgraben der einjährigen Kräuter werden die mehrjährigen im Wachstum gestört. Auf dem Balkon pflanzt man sie deshalb am besten in getrennte Kästen oder Töpfe, im Garten zumindest an zwei verschiedene Seiten des Beetes.

Hochwachsende Kräuter werden an die Nordseite des Beetes gepflanzt, damit sie ihren kleineren Mitbewohnern nicht die Sonne rauben. Auf dem Balkon können Sie zum Beispiel ein hohes Kraut in die Mitte eines Topfes setzen und es mit niedrigwachsenden Pflanzen umgeben. Auf einen Blumenroller gestellt, können Sie den Topf bei Bedarf aus dem Durchzug oder in die Sonne rollen. Zudem läßt er sich drehen, damit jedes Kräutlein in den Genuß der vollen Sonne kommt.

Die meisten Kräuter werden im Frühjahr gesät, sobald die schlimmsten Nachtfröste vorüber sind. Dabei gilt: Je größer die Samen sind, desto tiefer müssen sie in den Boden gedrückt werden (bis zu zwei Zentimetern). Kleine Samen streut man einfach oben auf die Erde auf.
Im folgenden haben wir uns auf wichtige Anbautips beschränkt, da genauere Informationen auf den Samentütchen zu lesen sind.

Kräuterregister

Viele der traditionellen Küchenkräuter, die wir auf den folgenden Seiten vorstellen, wurden oder werden auch als Heilpflanzen eingesetzt. Uns ging es aber in erster Linie um die Verwendung von Kräutern in der Küche. Unser Hobbythekbuch „Gesundheit mit Kräutern und Essenzen" widmet sich dagegen mit Hunderten von Rezepten ganz den heilenden und pflegenden Wirkungen der Kräuter.
Ein Großteil der folgenden Kräuter sind winterharte mehrjährige Pflanzen, die im folgenden Jahr wieder ausschlagen. Aber auch die meisten einjährigen Pflanzen müssen Sie nicht jedes Jahr aufs neue aussäen. Lassen Sie sie einfach Samen ausbilden, dann besorgt die Natur den Rest. Da die Blätter durch die Ausbildung von Samen viel von ihrem Aroma verlieren, sollte man es immer nur bei einigen Exemplaren, die zur Vermehrung dienen, so weit kommen lassen. Bei Kräutern, von denen Sie ernten wollen, müssen die Blüten- und Samenstengel abgekniffen werden.

Basilikum (*Ocimum basilicum*) (41)

Basilikum ist in den Ländern rund um das Mittelmeer heimisch, stammt aber vermutlich ursprünglich aus Indien. In unserem Klima ist Basilikum nur bedingt im Freien zu kultivieren, denn es benötigt viel Wärme und Wasser sowie einen geschützten Platz. Samen werden deshalb am besten im Haus vorgezogen oder frühestens ab Mai ins Freiland gesät.
Die Vielfalt der Basilikumsorten ist groß: Es gibt kleinblättrige Züchtungen mit feinerem Geschmack, großblättrige Sorten, die etwas derber schmecken, aber robuster sind, rotblättriges nussig schmeckendes Basilikum, Buschbasilikum und verschiedene Zier- und Duftformen, zum Beispiel Zitronenbasilikum. Basilikum paßt zu den meisten mediterranen Gerichten und schmeckt besonders gut zu Tomaten.
In Griechenland verwendet man Basilikum nicht nur als Küchenkraut, sondern auch zur Fliegenabwehr. Angeblich kommt an einem Basilikumtopf auf der Fensterbank kein lästiger Brummer vorbei. Das regelmäßige Ernten fördert übrigens das Breitenwachstum der Pflanze. Brechen Sie dazu am besten immer die jungen Spitzen heraus, und das möglichst vor der Blüte im Juni/Juli, denn dann schmecken die Blätter am intensivsten.

Beifuß (*Artemisia vulgaris*) (42)

Schon die Germanen schätzten den Beifuß und nutzten ihn, um sich bösen Zauber vom Leib zu halten und die vom wilden Veitstanz Befallenen zu beruhigen. Die moderne Medizin beschränkt sich darauf, ihm eine verdauungsfördernde Wirkung zu bescheinigen. Er wirkt und schmeckt ähnlich wie Wermut (*Artemisia absinthium*), mit dem er auch verwandt ist.
Beifuß ist das klassische Gewürz zum Gänsebraten und anderen fetten Speisen, die er durch seine Gerb- und Bitterstoffe bekömmlicher macht. Er paßt ebenfalls zu Kohlgerichten und Rüben. Verwendet werden vor allem die Blütenrispen und eventuell ganz junge Blätter der Pflanze, die man ohne Geschmacksverlust mitkochen kann.

Bohnenkraut (*Satureja montana od. hortensis*) (43)

Bohnenkraut war schon in der Antike als Würzpflanze bekannt. Es paßt zu fast allen Hülsenfrüchten, aber

auch zu Fisch und Fleisch und macht Schwerverdauliches bekömmlicher. Da es einen charakteristischen, sehr intensiven Geschmack hat, der auch beim Trocknen der Blätter erhalten bleibt, muß man es sparsam dosieren. Die frischen zerdrückten Blätter sind ein altes Hausmittel gegen die Schwellung und die Schmerzen nach Insektenstichen.
Bohnenkraut keimt sehr langsam, wächst dann aber zuverlässig auch im Balkonkasten und blüht im Juli blau, rot oder weiß. Neben dem mehrjährigen Winterbohnenkraut (*S. montana*) gibt es ein einjähriges Sommerbohnenkraut (*S. hortensis*) mit einem etwas milderen Geschmack. Dieses wird zum Ernten ganz zurückgeschnitten und wächst mit etwas Glück zu einer zweiten Ernte heran. Vom mehrjährigen Winterbohnenkraut können Sie das ganze Jahr über Blättchen abzupfen und frisch verwenden. Es gibt außerdem noch einige „exotische" Varianten mit Minze- (*S. calamintha nepetoides*) oder Zitronengeschmack (*S. biflora*).

Borretsch (*Borago officinalis*) (44)

Der Borretsch stammt vermutlich ursprünglich aus dem Mittelmeerraum, kommt aber mittlerweile auch hierzulande wild vor. Er ist eine traditionelle Bauerngartenpflanze, und seine Blüten ziehen Bienen an.

Die jungen Blätter riechen und schmecken nach Gurken, sie würzen Salate, helle Saucen und Essiggurken. Man verwendet sie aber auch, um Getränke, zum Beispiel Bowle, zu aromatisieren. Borretsch paßt gut zu Quark, Joghurt oder Frischkäse aufs Brot. Beim Trocknen und auch beim Kochen verfliegt seine starke Würzkraft, fügen Sie deshalb die zerhackten Blätter und Blüten immer erst ganz zum Schluß zu.
Die Samen werden von März bis Juni gleich ins Freiland gesät, denn die Keimlinge sollten nicht verpflanzt werden. Da die Borretschpflanze eine lange Pfahlwurzel ausbildet und viel Platz in Anspruch nimmt, ist sie als Topfpflanze nicht geeignet.

Dill (*Anethum graveolens*) (45)

Dill ist eines der ältesten bekannten Gewürzkräuter. Bereits zu alttestamentarischen Zeiten wurde er im Zweistromland angebaut. Zum Würzen werden die fedrigen Blätter verwendet, die man den ganzen Sommer über ernten kann, aber auch die zerdrückten oder geriebenen Samenkapseln.

> ***Tip***
> Unzerriebene Samenkapseln werden als Gewürz beim Einlegen von Essiggurken verwendet oder aromatisieren Kräuteressig: Lassen Sie dazu einige Blütendolden zwei Wochen im Essig ziehen.

Dill paßt zu Fisch, Gemüsegerichten und gibt dem Tsatsiki seine typische Note. Ein Rezept von Dieter Müller „Gurken-Dillschaum mit Sylter Krabben im Glas" finden Sie auf *Seite 52*. Die Blätter dürfen nicht mitgekocht werden, sonst verlieren sie ihr Aroma; das gleiche geschieht beim Trocknen. Frieren Sie die Blättchen deshalb besser ein. Dillsamen dagegen kann man ohne Probleme trocknen. Dill wächst auch im Topf auf der Fensterbank (pro Topf etwa sechs Samen), braucht aber viel Licht und wird nicht so groß wie im Freien. Dill zieht – ebenso wie Fenchel (siehe *Seite 40*) – Schwebfliegen an, die Blattläuse fressen. Das macht ihn zu einem nützlichen und gerngesehenen Nachbarn im Garten und auf dem Balkon.

Estragon (*Artemisia dracunculus*) (46)

Estragon ist ein klassisches Küchenkraut und paßt zu vielen Gerichten, zum Beispiel zu Eierspeisen, Spargel oder Fisch. Geerntet werden die jungen Blätter und Triebspitzen. Sie sind zum Beispiel unverzichtbarer Bestandteil vieler Saucen, vor allem der Sauce Béarnaise. Estragon ist neben Dill das zweite klassische Gewürz zum Einlegen von Essiggurken. Für den feinen Estragongeschmack ist das ätherische Estragonöl (*Oleum Dracunculi*) verantwortlich, das die Pflanze in sehr hohem Maße enthält.

44

45

46

47

48

49

Tip
Um Estragon-Essig herzustellen, gibt man ein bis zwei Zweige Estragon in einen guten Weißweinessig und läßt diesen etwa zwei Wochen ziehen.

Weil das Kraut sehr groß und buschig werden kann, braucht es gut einen halben Meter Abstand zu seinen Beetnachbarn. Ältere Stiele neigen dazu, am Boden zu verholzen und dann im Spätsommer umzufallen. Im Topf passiert das nicht, denn dort bleibt das sogenannte „Drachenkraut“ wesentlich kleiner. Estragon fühlt sich in der Nähe von Liebstöckel (siehe *Seite 41*) sehr wohl.

Fenchel (*Foeniculum vulgare*) (47)

Die alten Griechen linderten mit Fenchel Magenbeschwerden und Augenleiden. Heute ist der nach Anis schmeckende Samen Bestandteil vieler Teemischungen. Er wird gegen Magen-Darm-Beschwerden, vor allem die sogenannten „Drei-Monats-Koliken“ von Säuglingen, eingesetzt. In der Küche werden neben den Samen auch die feinen fedrigen Blätter verwendet, die ein milderes Aroma haben. Fenchel paßt hervorragend zu Fisch.
Er wird im zeitigen Frühjahr gesät, damit er bis zum Sommer Samen ausbilden kann. Legt man nur auf die Blätter Wert, kann man bis in den Sommer hinein immer wieder nachsäen; diese Pflanzen gelangen aber nicht mehr zur Samenreife. Fenchel wirkt indirekt gegen Blattläuse, denn er zieht – ähnlich wie Dill (siehe *Seite 39*) – Schwebfliegen an, die mit Vorliebe diese Schädlinge fressen.

Kerbel (*Anthriscus cerefolium*) (48)

Kerbel schmeckt ein bißchen nach Anis und Fenchel und unterstützt in vielen Gerichten den Geschmack anderer Küchenkräuter. Am besten schmeckt er frisch gehackt zum Salat oder als Garnierung auf Rohkost, zum Beispiel Möhren. Er enthält sehr viel Vitamin C, Eisen, Eiweiß und Calcium und sollte in keinem Kräutergarten fehlen.

Man pflückt das aromatische Kraut, wenn es etwa zehn Zentimeter hoch ist. Kochen Sie die feinen Blätter nicht mit, sondern geben Sie sie erst kurz vor dem Servieren ins Essen, dann bleibt der Geschmack erhalten. Kerbel paßt gut in Buttersaucen, Kräuterquark und Frischkäse sowie zu Tomaten. Eine besondere Delikatesse, die angeblich schon Goethe zu schätzen wußte, ist Kerbelsuppe. Eine besonders schmackhafte Variante serviert Dieter Müller auf *Seite 60*.
Kerbel ist ein ideales Kraut für unser deutsches Schmuddelwetter: Zum Keimen braucht er kühles Wetter, und in heißen Sommern fühlt er sich unwohl. Man sät die Samen am besten in mehreren Etappen vom Frühling bis zum Herbst gleich ins Freiland. So sprießt den ganzen Sommer über ständig frisches Grün. Die Herbstaussaat übersteht ohne Probleme den Winter, so daß Sie gleich im Frühjahr wieder ernten können. In die Nähe von Salat gesät, soll Kerbel diesen vor Läusen, Schnecken und Ameisen schützen.

Koriander (*Coriandrum sativum*) (49)

Der Name Koriander kommt angeblich vom griechischen Wort „koriannon“, was soviel wie „Wanze“ heißt. Der Grund: Die jungen Pflanzen inklusive der unreifen Früchte strömen einen etwas strengen Geruch aus. Die ausgewachsene Pflanze dagegen riecht angenehm herbsüß nach Zitrusschalen.

In der Küche werden sowohl die zarten Blätter als auch die reifen Samenkapseln verwendet. Zerrieben oder zerdrückt passen Sie gut zu Currygerichten und Chutneys, aber auch zu Süßspeisen und Gebäck, zum Beispiel Printen und Spekulatius. Koriandersamen kann man – im Gegensatz zu den feinen Blättern – mitkochen, ohne daß sie ihr Aroma verlieren. Die frischen, milder schmeckenden Blättchen würzen klare scharfe Suppen oder Salate. In der thailändischen Küche werden Korianderblätter oft in Kombination

mit Kokos oder auch Zitronengras verwendet. Dieter Müller schlägt auf *Seite 73* Korianderkarotten zu geschmorten Rinderbäckchen mit Balsamicosauce vor.
Man sät den Koriander im Frühjahr und vereinzelt später auf 15 bis 20 Zentimeter.

Kresse (*Lepidium sativum*) (50)

Kresse enthält viele Mineralstoffe, zum Beispiel Calcium und Eisen sowie Vitamine (A, B_1, B_2, B_6 und C). Man verwendet die kleinen, frischgepflückten und gut gewaschenen Blattstiele ausschließlich roh, zum Beispiel im Salat, in hellen Saucen oder als Brotaufstrich über Joghurt, Quark oder Frischkäse gestreut.

Die Gartenkresse ist eine völlig anspruchslose Pflanze: Sie keimt sogar in einer flachen Tonschale, auf einem nassen Papiertaschentuch oder in etwas Sand. Schon nach wenigen Tagen sind die Sämlinge erntereif: Schneiden Sie sie mit einer Schere ab, aber nicht zu tief, dann wachsen die kleinen Stengel nach. Kresse läßt sich auch gut mit weißem Senf (*Sinapis alba*) kultivieren. Wenn Sie den Senf etwa drei Tage nach der Kresse säen, keimen sie zur selben Zeit und können gemeinsam in die Salatsauce geschnitten werden, wo sie sich gut ergänzen.

Kümmel (*Carum carvi*) (51)

Vom Kümmel werden vor allem die Samen und die zarten Blätter verwendet: Kümmelsamen machen schwerverdauliche Gerichte wie Sauerkraut bekömmlicher. Die zarten fedrigen Blätter geben Gemüsegerichten oder Salaten eine pikante Note.
Die häufigere zweijährige Kümmelvariante bildet im ersten Jahr nur Blätter aus, die Blüten erscheinen erst im zweiten Jahr. Es gibt aber mittlerweile auch einjährigen Kümmel, der – im Frühjahr gesät – bereits im Spätsommer Blüten und Samen hervorbringt. Die Samen werden geerntet, bevor sie ganz reif sind, dann ist der Gehalt an ätherischen Ölen am größten.
Kümmel wird im Herbst oder im zeitigen Frühjahr gleich ins Freiland gesät. Dabei nur ganz leicht mit Erde zudecken, denn er braucht Licht zum Keimen. Kümmel wächst ziemlich buschig, wenn er genug Sonne abbekommt.

Liebstöckel (*Levisticum officinale*) (52)

Maggi-Kraut wird der Liebstöckel auch genannt, denn sein Geschmack erinnert stark an das bekannte Suppengewürz. Seine frischen Blätter, die mitgekocht werden, würzen Suppen, Eintöpfe oder Kartoffelgerichte, passen aber auch gut zu Fisch und geräuchertem Schinken. Frische Liebstöckelblätter schmecken sehr intensiv und müssen sparsam dosiert werden, um nicht den Eigengeschmack der Speisen zu überlagern. Trocknen lassen sich nur die Samen; die Blätter verlieren dabei ihr Aroma. Man kann höchstens versuchen, sie einzufrieren (siehe *Seite 48*), denn damit hält man den Aromaverlust in Grenzen.
Liebstöckel braucht ausreichend Platz zum Wachsen, er entwickelt sich nämlich zu einem stattlichen Strauch, der zwei Meter hoch und entsprechend breit werden kann. Säen Sie im Frühherbst gleich ins Freie oder im zeitigen Frühjahr in den Anzuchttopf und pflanzen Sie die sechs bis acht Zentimeter großen Jungpflanzen dann mit einem Meter Abstand in den Garten. Als Topfpflanze ist Liebstöckel wegen seiner Größe und seiner tiefen Wurzeln eher ungeeignet.
Dieter Müller stellt auf *Seite 58* sein Rezept für eine Kalte Kartoffel-Lauchsuppe mit Liebstöckel und Lachstatar vor.

Löffelkraut (*Cochlearia officinalis*) (53)

Löffelkraut enthält viel Vitamin C und kann das ganze Jahr über gepflückt werden – gerade im Winter also ein idealer Energielieferant. Verzehrt werden die bitter-salzigen Blätter meist roh als Salat, in der Regel kombiniert mit anderen Blattsalaten wie Rauke und Pflücksalat. Ihr Geschmack erinnert an Kresse und Senf.

54

55a

55b

Die Pflanze ist anspruchslos und winterhart, braucht allerdings gut feuchten Boden. Gesät wird im Frühjahr oder Spätsommer.

Löwenzahn (*Taraxacum officinale*) (54)

Menschen, die einen gepflegten Rasen lieben, kann er zur Weißglut treiben, denn wo der Löwenzahn erst einmal seine lange Pfahlwurzel in den Boden geschlagen hat, da läßt er sich dauerhaft kaum noch vertreiben. Man sollte aus der Not eine Tugend machen und das Kraut mit Stumpf und Stiel verspeisen. Löwenzahn ist reich an den Vitaminen A, B und C und enthält sehr viel Calcium und Eisen. Außerdem besitzen sowohl die Wurzel als auch das Laub viel Kalium. Also rundum eine sehr gesunde Pflanze, die wegen ihrer harntreibenden Wirkung im Volksmund auch „Bettpisser" oder „Pißblom" genannt wird.
Die jungen Blätter lassen sich als Salat zubereiten, schmecken allerdings leicht bitter. Diesen Geschmack kann man etwas mildern, wenn man sie vor der Zubereitung eine Zeitlang in Wasser legt und dann abspült. Es gibt aber auch Kulturformen mit milderem Geschmack. Noch zarter schmecken die Blätter, wenn Sie die jungen Pflanzen abdecken, um sie zu bleichen. Für den Salat werden die jungen hellen Blätter verwendet, die wie Feldsalat verlesen werden.

Tip
Zum Löwenzahnsalat schmecken gerösteter Speck und Weißbrotwürfel, in feine Stifte geschnittene Möhren und Zucchini, gewürfelter Käse und Grapefruit- oder Orangenspalten. Als Salatsauce paßt dazu eine Vinaigrette aus Olivenöl, süßem Senf und gutem Essig, zum Beispiel Himbeeressig, in die eine Messerspitze Honig eingerührt wird. Besonders edel schmeckt der Salat, wenn Sie der Sauce noch ein paar Tropfen dunkelgrünes Kürbiskernöl beimischen.
Eine richtige Delikatesse sind die sogenannten Embryoblüten des Löwenzahns. So nennt man die kleinen grünen noch geschlossenen Blütenknospen. Sie sitzen ganz unten zwischen den Blättern versteckt und können zwischen März und Mai geerntet werden. Man schwenkt sie bei kleiner Hitze ein paar Minuten in Butter, schmeckt sie mit Salz und Pfeffer ab und träufelt etwas Zitronensaft darüber.

Gesät wird im Frühsommer in feuchten nähstoffreichen Boden. Dort bildet die Pflanze besonders zarte Blätter aus.

Majoran und Oregano (*Origanum spec.*) (55 a–b)

Majoran (*Origanum majorana*) (55 a) und Oregano (Wilder Majoran oder *Origanum vulgare*) (55 b) sind eng miteinander verwandt. Von beiden verwendet man in der Küche die Blätter und jungen Triebspitzen, und zwar wegen ihres intensiven Geschmacks sparsam und nie zusammen.

Majoran paßt gut zu Kartoffelgerichten, zum Beispiel Bratkartoffeln, und zu gebratenem Fleisch. Oregano wird vor allem in Nudel- und Tomatengerichten verwendet. Majoran kann und Oregano sollte immer mitgekocht werden, damit sie ihr Aroma voll entfalten können. Vom Majoran gibt es noch eine kleinere Variante: Dieser Topf-Majoran (*O. onites*) schmeckt ähnlich wie der Echte Majoran, ist aber sehr viel zierlicher.
Majoran und Oregano lassen sich ohne großen Aromaverlust gut trocknen. Schneiden Sie die Pflanzen nicht zu tief ab, dann wächst im gleichen Jahr eventuell noch eine zweite Ernte nach.
Majoran wird am besten im zeitigen Frühjahr im Anzuchtgefäß vorgezogen und ab Mai ins Freiland oder den Balkonkasten (20 bis 40 Zentimeter Abstand) gepflanzt. Soll er drinnen auf der Fensterbank gedeihen, empfiehlt es sich, regelmäßig die Triebspitzen abzukneifen, um ihn anzuregen, mehr Blätter zu entwickeln. Sonst könnte es sein, daß er während oder direkt nach der Blüte abstirbt. Oregano, der bis zu 70 Zentimeter groß wird, sollte am besten im Gartenbeet wachsen.

Minze (*Mentha spec.*) (56)

Die bekanntesten Vertreter dieser Gattung sind die Pfefferminze (*M. x piperita*) und die Grüne Minze (*M. spicata*), besser bekannt als Kaugummi-Aroma mit dem Namen „Spearmint". Daneben gibt es noch eine ganze Reihe von besonderen Aroma-Züchtungen, zum Beispiel Apfel-, Orange- oder Ananasminze und mehrere Wildformen (Ackerminze, Wasserminze).
In der Küche wird vor allem die frische Grüne Minze verwendet. Sie paßt gut zu Geflügelgerichten, Desserts, Getränken und gibt leichten Sommergerichten mit viel Gemüse einen frischen Geschmack. Auch Sorbets lassen sich mit einigen Minzeblättchen schmackhaft dekorieren. Alle Minzen kann man auch im Balkonkasten ziehen. Da sie aber weite Wurzelausläufer bilden und sich gerne ausdehnen, sollte man ihnen einen eigenen Kasten oder Topf reservieren.

Petersilie (*Petroselinum crispum*) (57)

Petersilie ist wohl das meistverwendete Küchenkraut. Hierzulande wird die krause Petersilie bevorzugt, in der Mittelmeerküche schätzt man dagegen eher die glatte Variante. Die Blätter enthalten viel Vitamin C und passen zu jedem Gericht. Junge Damen mühten sich früher, mit Petersilienwasser ihre Sommersprossen zu bleichen.
Petersilie ist zwar zweijährig, man sollte sie aber wie eine einjährige Pflanze behandeln und im folgenden Jahr an einer anderen Stelle neu aussäen. Die Blätter verlieren nämlich im zweiten Jahr an Geschmack.

Die Samen werden gleich ins Freie gesät, denn die Keimlinge lassen sich nur noch schlecht verpflanzen. Ernten können Sie das ganze Jahr über, wenn Sie auf die abgeernteten Flächen gleich wieder neu säen.

Pimpinelle (*Sanguisorba minor*) (58)

Pimpinelle oder Pimpernell – nicht zu verwechseln mit der Arzneipflanze Bibernelle (*Pimpinella*) – ist ein wohlschmeckendes Küchengewürz aus Großmutters Zeiten. Die kleinen frischen Blättchen schmecken ähnlich wie Borretsch nach Gurken und sind eine ausgezeichnete Würze für Salate, Suppen, Quark und Joghurt sowie Eierspeisen und Fischgerichte, verleihen aber auch Erfrischungsgetränken, Bowlen oder Wein einen frischen kühlen Geschmack. Die Blätter müssen frisch verwendet werden, trocknen lassen sie sich nicht.
Pimpernell wächst am besten auf trockenem Boden. Die Samen können ab März gleich ins Freie gestreut und die Sämlinge später auf 25 Zentimeter Abstand ausgedünnt werden. Die Pflanze bildet recht schnell eine lange Pfahlwurzel aus, so daß sie auf dem Balkon einen ziemlich tiefen Topf benötigt.

Rosmarin (*Rosmarinus officinalis*) (59)

Rosmarin wurde zu allen Zeiten wegen seines Duftes, seines Geschmacks und seiner Heilkraft hochgeschätzt. Er galt als Symbol für die Liebe: Brautleute schmückten sich früher mit Rosmarinkränzen oder steckten sich kleine Sträußchen aus Rosmarin ans Kleid oder Revers.
Rosmarin würzt, sparsam dosiert, Nudelgerichte, Tomaten, Röstkartoffeln und Geflügel. Er paßt aber auch zu kräftigen Fleischsorten, zum Beispiel Wild, zu gerösteten Nüssen, Sonnenblumen- oder Kürbiskernen. Mit einigen Zweigen Rosmarin kann man Essig und Öl aromatisieren. Verwenden Sie Rosmarin nicht in Kombination mit anderen intensiv schmeckenden Kräutern wie Thymian und Salbei. Am besten entfaltet sich sein Aroma, wenn er kurz vor dem Ende der Garzeit zugegeben wird und noch ein paar Minuten mitkochen kann.
In einem großen Topf mit ausreichend Platz für seine kräftigen Wurzeln gedeiht Rosmarin auch auf der Fensterbank. Am besten läßt er sich aus Stecklingen ziehen. Schneiden Sie dazu eine zehn bis zwölf Zentimeter lange Triebspitze direkt unter den Blättern ab, entfernen Sie die unteren Blätter und lassen Sie den

56

57

58

59

Steckling in Sand oder HT-Anzuchterde (siehe *Seite 25*) Wurzeln ausbilden. Aus Samen gezogen braucht er recht lange, um zu keimen und zu wachsen. Säen Sie in trockenen kalkhaltigen Boden und geben Sie der Pflanze 60 bis 90 Zentimeter Platz, damit sie sich buschig entwickeln kann. Rosmarin ist frostempfindlich. Stellen Sie ihn deshalb im Winter an einen kühlen Platz im Haus oder schützen Sie ihn zumindest vor den Winterstürmen.

60

61

Salbei (*Salvia officinalis*) (60)

Der Name Salbei geht auf das lateinische „Salvare", zu deutsch Heilen, zurück. Ein Hinweis darauf, daß ihn die alten Römer – wie vor ihnen die Griechen – als Heilpflanze hochgeschätzt haben. Heute gilt den blaugrünen flaumigen Blättern eine ebenso große Wertschätzung als Küchenkraut. Salbei paßt zu vielen italienischen Pastagerichten, zu gebratenem Fleisch und Geflügel, zu Fisch und Saucen.

Tip
Für eine hervorragende Pastasauce muß man nur eine Handvoll grob zerpflückter, frischer Salbeiblätter in einer Mischung aus Olivenöl und Butter knusprig braten. Schmeckt wunderbar zu Nudeln, Brot und Rotwein!

Ernten kann man die frischen Blätter bis tief in den Herbst, ja zum Teil das ganze Jahr über. Am intensivsten schmecken sie allerdings kurz vor der Blüte.
Salbei läßt sich gut aus Samen ziehen, braucht aber etwa zwei Jahre zur vollen Reife. Säen Sie am besten im zeitigen Frühjahr ins Anzuchtgefäß, und pflanzen Sie die Sämlinge später im Abstand von etwa 40 Zentimeter ins Freie. Von der erwachsenen Pflanze lassen sich ohne weiteres Stecklinge schneiden und einpflanzen.
Eine alte Bauerngartenpflanze ist der kräftig schmeckende Muskatellersalbei (*S. sclarea*). Man aromatisierte früher den gleichnamigen Wein mit seinen Blättern. Muskatellersalbei macht sich mit seinen üppigen zartrosa Blütenständen auch gut im Ziergarten neben Rosen, Rittersporn, Malven oder Lupinen. Alle Salbeisorten werden gerne von Bienen und Hummeln angeflogen.

Sauerampfer (*Rumex acetosa*) (61)

Sauerampfer hat säuerliche, sehr vitaminreiche Blätter (Vitamin C und Provitamin A), die man als Salat oder als Blattgemüse essen kann. Verwendet werden immer die ganz jungen, etwa fünf bis sieben Zentimeter hohen Blätter; ältere Blätter schmecken herber und scharf. Um das Wachstum neuer Blätter anzuregen, schneidet man die Pflanze kurz über dem Boden ab. Sie treibt dann neu aus.

Kochen sollte man die feinen Blätter nicht, denn dann fallen sie zusammen und verlieren den Großteil ihres Geschmacks. Lieber drei bis fünf Minuten in Butter dünsten und dann mit anderen Gemüsesorten kombinieren, zum Beispiel mit Mangold. Sauerampfer schmeckt auch gut als Kräuterauflage für ein Omelett. Auf *Seite 61* finden Sie eine Sauerampfersuppe mit Lachsforelle von Dieter Müller.

Gefährliche Oxalsäure
Leider enthält Sauerampfer ziemlich viel Oxalsäure, die das Calcium aus der Nahrung in unlösliches Calciumsalz verwandelt und so dem Körper entzieht. Gemüsesorten, die viel Oxalsäure enthalten, sollten deshalb immer zusammen mit Milch oder Sahne zubereitet werden, denn Milchprodukte enthalten viel Calcium und können den Verlust ausgleichen. Man sollte solche Gemüsesorten aber trotzdem nicht im Übermaß genießen. Hohe Mengen an Oxalsäure begünstigen nämlich die Ausbildung von Harn- und Nierensteinen, weil sich das Calciumsalz in den Nierenkanälchen ablagern kann. Säure und Salz gehen zum Teil ins Kochwasser über, deshalb sollte man dieses nicht mitverwenden, sondern wegschütten.
Neben Sauerampfer enthalten auch Mangold, Petersilie, Rote Bete, Rhabarber und Spinat relativ viel Oxalsäure.

Schnittlauch (*Allium schoenoprasum*) (62)

Schnittlauch ist sehr eng mit Zwiebeln, Porree und Knoblauch verwandt und paßt zu fast allen Salaten und Gemüsegerichten. Schneiden Sie die hohlen Halme immer erst kurz vor dem Anrichten und streuen Sie die Röllchen dann auf das fertige Gericht, damit die ätherischen Öle nicht verfliegen. Dieter Müller verrät auf *Seite 67* sein Rezept für eine Senf-Schnittlauchsauce zu bunten Kartoffeln und Zanderfilet mit Schalottenbutter. Schnittlauch wird gleich ins Freie gesät und gedeiht gut in lockerer, nährstoffreicher Erde. Im zweiten Jahr entwickeln sich die erntereifen Halme, und in der Erde sind Zwiebeln gewachsen, die man dann in Gruppen von etwa fünf bis sechs Exemplaren zu kleinen Büschen zusammenpflanzen kann. Das erleichtert das Ernten. Die lilafarbenen kugeligen Blütenstände müssen abgekniffen werden, damit die Pflanze neue, frische Halme ausbildet. Man schneidet die Halme immer vom Rand des Busches her, kurz über dem Boden ab, damit keine angetrockneten Stoppeln stehenbleiben.

Schnittsellerie (*Apium graveolens*) (63)

Sellerie wird in drei verschiedenen Formen angebaut: als Knollensellerie (*var. rapaceum*), als Stangensellerie (*var. dulce*) und Schnittsellerie (*var. secalimum Alef*). Der Schnitt- oder Blattsellerie ist vermutlich die ältere Variante und wurde bereits zum Würzen und als Heilpflanze verwendet, bevor man im 17. Jahrhundert mit der Zucht von Knollensellerie begann. Er ist ein gutes Salatkraut, das vom Aussehen an glatte Petersilie erinnert.

An einem geschützten Platz oder auf der Fensterbank können die Blätter zum Teil das ganze Jahr über geerntet werden. Man zerkleinert Schnittsellerie immer erst kurz vor dem Servieren, damit er sein Aroma nicht verliert.

Thymian (*Thymus vulgaris*) (64)

Thymian ist ein klassisches Küchenkraut, das zu vielen kräftigen Gerichten paßt: gebratenem oder gegrilltem Fleisch, würzigen Suppen und Eintöpfen oder auch Kartoffeln. Man streut entweder die abgezupften kleinen Blättchen ins Essen oder bindet die ganzen Zweige zum Gewürzsträußchen zusammen und hängt dieses von Beginn an zum Mitkochen in den Topf. Thymian sollte man nicht mit ähnlich intensiv schmeckenden Kräutern wie Majoran, Oregano und Salbei verwenden. Auch im Gartenbeet macht sich Thymian nützlich: Er hält nämlich ähnlich wie Salbei verschiedene Raupen und Läuse von seinen Beetnachbarn fern. Es gibt insgesamt über 100 verschiedene Thymianarten, einige niedrigwachsende kann man als Bodendecker oder anstelle von Rasen aussäen. In der Küche spielt neben dem normalen Gartenthymian noch der Zitronenthymian (*Thymus citriodorus*) eine Rolle.
Thymian kann direkt an Ort und Stelle in sandigen Boden gesät werden. Zur vollen Entwicklung braucht er allerdings zwei Jahre. Man kann ihn aber auch aus Triebstecklingen heranziehen. Alle drei bis vier Jahre sollte die Pflanze im zeitigen Frühjahr zurückgeschnitten werden, um sie zur Ausbildung neuer Triebe anzuregen. Sonst neigt sie nämlich zum Verholzen und büßt einen Großteil ihres Geschmacks ein. Ernten kann man die Blätter in milden Gegenden das ganze Jahr über.

Waldmeister (*Galium odorata*) (65)

Im Wald wächst der echte Waldmeister im Halbschatten hoher Bäume. Auch im Garten fühlt er sich ohne direkte Sonne am wohlsten. In der prallen Sommersonne bekommt er braune Blätter.
Die frischen Blätter schmecken sehr fein und duftig und eignen sich hervorragend, um Sorbets und frische Getränke, zum Beispiel Tee, zu würzen. Dabei kann man ihn gut mit frischen Minzeblättern kombinieren. Die getrockneten Blätter schmecken übrigens noch aromatischer als die frischen. Im Rezeptteil finden Sie auf *Seite 77* eine Kaltschale aus Erd-

Was darf's denn sein?

Die folgende Tabelle soll Ihnen die Planung Ihres Kräutergartens erleichtern.

Gewünschte Eigenschaft	Kräuter
Kräuter, die Insekten anlocken	Beifuß, Borretsch, Dill und Fenchel (Schwebfliegen), Löwenzahn, Rosmarin, Salbei, Thymian, Ysop
Kräuter für den Balkonkasten und das Fensterbrett	Basilikum, Bohnenkraut, Dill, Estragon, Kerbel, Kresse (rankend oder hängend), Kümmel, Löffelkraut, Löwenzahn, Majoran, Minze, Oregano, Petersilie, Pimpinelle, Rosmarin, Salbei, Sauerampfer, Schnittlauch, Schnittsellerie, Thymian, Waldmeister, Ysop
Kräuter, die auch im (Halb-)Schatten gut gedeihen	Beifuß, Gartenkresse, Kerbel, Liebstöckel, Löffelkraut, Minze, Petersilie, Sauerampfer, Waldmeister
Ein- und zweijährige Kräuter	Basilikum, Borretsch, Dill, Kerbel, Koriander, Kresse, Kümmel, Löffelkraut, Petersilie (zweijährig), Sommerbohnenkraut
Mehrjährige winterharte Kräuter	Beifuß, Estragon, Fenchel, Liebstöckel, Löwenzahn, Majoran, Minze, Oregano, Pimpinelle, Rosmarin (bedingt winterhart), Salbei, Schnittlauch, Schnittsellerie, Thymian, Waldmeister, Winterbohnenkraut, Ysop (bedingt winterhart)
Niedrige Kräuter (bis 50 cm)	Kresse, Kümmel, Löffelkraut, Löwenzahn, Majoran (Topf-), Petersilie, Schnittlauch, Schnittsellerie, Thymian, Waldmeister
Mittelhohe Kräuter (bis 90 cm)	Basilikum, Bohnenkraut, Borretsch, Kerbel, Koriander, Kümmel, Majoran, Minze, Oregano, Pimpinelle, Rosmarin (unter günstigen Bedingungen auch über 100 cm), Salbei, Ysop
Hohe Kräuter (mehr als 90 cm)	Beifuß (120–150 cm), Dill (90–120 cm), Estragon (80–150 cm), Fenchel (90–150 cm), Liebstöckel (bis über 200 cm)

66

beeren und Waldmeister von Dieter Müller.
Waldmeister liebt leicht sauren, feuchten Boden. Säen Sie ihn im Garten am besten in die Nähe von Bäumen oder Sträuchern. Er wird sich dann eventuell als Bodendecker ausdehnen.

Ysop (*Hyssopus officinalis*) (66)

Der Ysop, auch Essigkraut genannt, ist eine alte Bauerngartenpflanze, die schon in der Bibel erwähnt wird. Heute findet man sie höchstens noch als getrocknetes Gewürz im gutsortierten Spezialgeschäft. Ysop duftet gut und bildet sehr dekorative Blüten, die gerne von Bienen und Schmetterlingen angeflogen werden. Deshalb nennt man den Ysop auch Bienenkraut.
In der Küche kann man die jungen Blätter und Triebspitzen verwenden,

die herb-bitter und leicht nach Minze schmecken. Sparsam dosiert würzen sie zum Beispiel Fischsuppen, Kräuterquark, Kartoffel-, Bohnen- und auch Tomatengerichte. Ysop sollte man nicht mitkochen.
Im Garten eignet sich Ysop gut als Begleitpflanze, weil er ähnlich wie Thymian und Salbei Schädlinge fernhält.

Ernte und Lagerung

Die meisten Kräuter schmecken frisch geerntet am besten. Dazu kneift man in der Regel die oberste Triebspitze unterhalb des zweiten Blattpaares ab. Dieser junge Trieb und die kleinen Blätter schmecken nicht nur am zartesten, sondern auf diese Weise wird die Pflanze zudem angeregt, neue Blätter auszubilden. Und das kommt dem buschigen Wuchs zugute.
Vor allem bei einjährigen Kräutern sollte man regelmäßig die erscheinenden Blüten abknipsen, damit die Pflanzen ihre Kraft nicht in die Ausprägung der Blüte investieren, sondern frische Blätter hervorbringen. Wenn sie eine oder zwei Pflanzen unbehelligt lassen, dann bilden diese die für die Vermehrung im nächsten Jahr nötigen Samen aus.
Pflanzen, deren Blattstiele nicht von einem Haupttrieb, sondern direkt von der Wurzel ausgehen, zum Beispiel Schnittlauch oder Petersilie, werden geerntet, indem man die Stengel knapp über dem Boden abschneidet.

Dieter Müllers Küchentip
Um frische Kräuter zu lagern, die Pflanzen leicht abspülen, gut abschütteln und in Küchenkrepp einrollen. So kann man sie im Gemüsefach des Kühlschranks bei etwa 5 bis 8 °C zwei bis drei Tage lagern. Grundsätzlich gilt: Gemüse, Kräuter und Salate immer möglichst bald verarbeiten.

Kräuter, die als Wintervorrat getrocknet oder anderweitig konserviert werden sollen, erntet man, kurz bevor die Blütenknospen aufbrechen, dann ist der Gehalt an ätherischen Ölen und damit das Aroma am intensivsten. Ernten Sie nie bei feuchtem Wetter, denn das wirkt sich negativ auf das Aroma aus! Blüten werden kurz nach dem Öffnen gepflückt. Der ideale Zeitpunkt für die Ernte ist ein sonniger Morgen, wenn die Sonne den Morgentau bereits abgetrocknet hat, aber noch nicht zu heiß vom Himmel brennt. Dann verdampfen nämlich wertvolle ätherische Öle, und der Geschmack leidet.
Schneiden Sie die Kräuter knapp über dem Boden ab. Aus manchen frühblühenden Sorten, zum Beispiel Bohnenkraut, wächst dann unter Umständen noch eine zweite Ernte heran. Bei einjährigen Kräutern sollte man einige Blätter stehen lassen, um in der Folgezeit auch frisch nachernten zu können.
Wurzeln werden am Ende der Wachstumsperiode ausgegraben – möglichst ohne Beschädigungen.
Wer es auf die Samen abgesehen hat, der sollte seinen Kräutergarten keinen Tag aus den Augen lassen, um den rechten Erntezeitpunkt – kurz vor der Reife – nicht zu verfehlen. Bei Samen, die offen zu sehen sind wie beim Koriander oder Dill, ist dies noch relativ einfach. Schwieriger wird es, wenn die Samen in geschlossenen Kapseln liegen. Schneiden Sie dann entweder den ganzen Samenträger ab und trocknen ihn, bevor die Samen reif sind und herausfallen, oder stülpen Sie ihm eine Kapuze aus Mull oder einen Teefilter als Auffangnetz über. Gut verschnürt fängt dieser die reifen Samen auf.
Bevor Sie Ihre Ernte nun trocknen, müssen Samen, Stengel, aber auch die Wurzeln gründlich abgespült und von Staub und eventuell anhaftenden Insekten befreit werden.

Trocknen

Langstielige Kräuter trocknen am besten, indem man sie kopfüber an einem trockenen Ort mit guter Belüftung aufhängt, zum Beispiel dem Dachboden. Dazu werden die Pflanzen mit Gummiringen zu kleinen Bündeln zusammengebunden und mit einer Büroklammer, die man in den Gummi einhakt, an der Wäscheleine befestigt. Sind die Kräuter trocken – das dauert zwischen einer und zwei Wochen –, werden die Blättchen vorsichtig von den Stengeln gestreift, am besten gegen den Strich von oben nach unten. Manchmal reicht auch schon leichtes Schütteln, und die Blätter lösen sich. Die Stengel werden nicht mitverwendet, weil sie oft noch einen Rest Feuchtigkeit enthalten und leicht schimmeln.

Kräuter können auch im Liegen trocknen. Das empfiehlt sich vor allem für Pflanzen mit großen Blättern, zum Beispiel Liebstöckel, von denen die Blätter abgezupft und auf einem Trockengestell ausgebreitet werden. Ein solches Trockengestell können Sie selber herstellen, indem Sie einen Holzrahmen mit einem leichten Stoff (Schleiernessel, Gaze, Mull) oder einem Fliegengitter bespannen. Sie können aber auch einen ausgedienten Grill- oder Backrost nehmen, den Sie mit Stoff, Küchenpapier oder Fliegengitter belegen. Wichtig ist nur, daß die Luft von unten zirkulieren kann. Darum sollte ein solches Trockengestell am besten auf Ziegelsteine, durchgeschnittene Tennisbälle, Holzklötzchen oder ähnliche Distanzhalter aufgesetzt werden. Sie können auf diese Weise auch mehrere Gestelle übereinanderstapeln, wobei zwischen die Roste gelegte Steine oder Holzblöcke für den nötigen Abstand sorgen. Die ausgelegten Blätter dürfen sich auf den Gestellen nicht berühren.

Oft wird auch vorgeschlagen, Kräuter im Backofen bei geöffneter Tür und niedrigster Hitze zu trocknen. Dies ist aber umständlich und energieaufwendig, und außerdem heizen die meisten Öfen auch auf niedrigster Stufe den empfindlichen Kräutern zu sehr ein. Mehr als 35 °C Wärme sollte man den Blättern nicht zumuten, denn dann verfliegt das ätherische Öl, und das Aroma leidet. Also: Im Backofen nur im Notfall.

Aufbewahrung

Das trockene Laub wird nun entweder zwischen den Händen zerrieben oder als Ganzes in Vorratsbehälter gefüllt. Generell gilt: Je größer die Stücke, um so besser bewahren sie ihr Aroma – um so mehr Platz brauchen sie aber auch. Zur Aufbewahrung eignen sich am besten gut verschließbare Gläser, denn dann sieht man sofort, ob sich Kondenswasser bildet. Ist das der Fall, muß der Inhalt zum Nachtrocknen ausgelegt werden.
Die beschrifteten Vorratsgläser (Datum und Namen) müssen dunkel und kühl stehen, damit die Kräuter nicht zusätzlich Aroma einbüßen. Diese halten sich darin etwa sechs Monate und reichen damit gut über den Winter. Küchenkräuter, die oft gebraucht werden, sollte man sich zusätzlich in ein kleineres Gefäß zum täglichen Gebrauch abfüllen, damit das große Vorratsglas nicht ständig hervorgeholt und geöffnet werden muß.

Einfrieren

Eine weitere Konservierungsart ist das Einfrieren. Dabei bleibt das Aroma besser erhalten als beim Trocknen, und die Haltbarkeit erhöht sich auf mindestens ein Jahr. Man friert nur die abgetrennten Blätter ein, der Stengel ist zu sperrig. Dabei bleibt das Aroma am besten erhalten, wenn die Blätter als Ganzes eingefroren und erst kurz vor der Verwendung zerkleinert werden. Gehackte oder kleingeschnittene Kräuter lassen sich dagegen besser dosieren. Kräuter wie Petersilie oder Schnittlauch, die oft in der Küche gebraucht werden, sollte man im Eiswürfelbehälter portionsweise einfrieren. Füllen Sie dazu die Felder eines Eiswürfelbehälters mit kleingehackten Kräutern halbvoll, gießen dann mit Wasser auf und stellen das Ganze zum Frieren ins Eisfach oder die Kühltruhe. Die gefrorenen Kräuterwürfel können Sie dann in einem verschließbaren Beutel im 3-Sterne-Eisfach des Kühlschranks oder der Tiefkühltruhe aufbewahren und bei Bedarf würfelweise den Speisen zugeben.

Der Starkoch und das Gemüse

Die folgenden Seiten haben wir Starkoch Dieter Müller überlassen, der für seine überragende Kochkunst gerade mit dem dritten Michelin-Stern ausgezeichnet wurde. Er hat nicht lange gezögert, als wir ihn gebeten haben, die Rezepte für unser Buch beizusteuern, denn zum Gemüse und zur Kräuterküche hat Dieter Müller ein ganz besonderes Verhältnis – nicht zuletzt dank seiner Großmutter, denn diese alte Dame war über 70 Jahre Vegetarierin. In einer Zeit, als fette Braten und deftige Fleischterrinen noch als Zeichen des Wohlstands Hauptbestandteil jeder gutbürgerlichen Mahlzeit waren, tischte sie ihren Enkeln bei jedem Besuch Gemüse pur auf – frisch vom Markt oder aus dem Reformhaus. Dieter Müller schmeckte es. Sogar dem obligatorischen Rote-Bete-Saft, den seine Großmutter jeden Tag vor dem Mittagessen trank, konnte er etwas abgewinnen. Er rieb sich einfach einen saftig-sauren Apfel hinein und verlieh damit dem Saft einen ausgesprochen fruchtigen Geschmack. Das Rezept finden Sie auf *Seite 51*.

Abb. 11: Dieter Müller und sein Küchenteam zusammen mit Jean Pütz und Monika Pohl in der Küche seines Restaurants im Schloßhotel Lerbach.

Auch mit anderen Gemüsen experimentierte er gerne. Schon als Lehrling verfeinerte er Rotkohl mit seiner ganz persönlichen Note: Außer den üblichen Gewürzen wie Nelken und Piment tat er in das Gewürzsäckchen noch ein paar Zitronen- und Orangenschalen. Etwas Zimt hinterher und zum Schluß ein guter Schuß Rotwein und etwas Johannisbeergelee. Die Mischung hat sich bewährt – so serviert er den Rotkohl auch heute noch in seinem Restaurant im Schloßhotel Lerbach bei Bergisch Gladbach im Bergischen Land.

Seine Experimentierfreude beim Kochen hat sich Dieter Müller erhalten. Darum hatten wir es auch nicht besonders schwer, ihn von unserer Idee, an diesem Buch mitzuwirken, zu begeistern. Kurzentschlossen stellte er sich an den Herd und bereitete insgesamt 40 exquisite Gerichte mit altbekannten Gemüsesorten und Kräutern für uns zu – alles Rezepte, die Sie ganz einfach nachkochen können, das war unser Wunsch. Und wenn Sie beim Stichwort Kohl und Knollen gleich an die Nachkriegszeit oder derbe Hausmannskost denken sollten, dann werden Sie sich wundern, was Dieter Müller aus Steckrüben, Wurzeln und Mangold alles gezaubert hat.

Wir haben in unserer Versuchsküche übrigens festgestellt, daß die Hobbythek-Mitarbeiter ohne größere Probleme auch die doppelten Portionen von Dieter Müllers Rezepten vertragen konnten. Das spricht nicht gegen seine Mengenangaben, sondern für die Qualität seiner Rezepte. Also: Ruhig etwas mehr kochen. Schlecht wird es bestimmt nicht.

Guten Appetit!

Rezepte

Alle Mengenangaben beziehen sich – soweit nicht anders angegeben – auf vier Personen.

Frühstück

Dieses köstliche Müsli-Rezept stammt von meiner Großmutter und erfreut sich bei meiner Familie und im Freundeskreis zum Frühstück oder Mittagsbrunch größter Beliebtheit.

Haferflocken-Früchte-Müsli

100 g	Vollkorn-Früchtemüsli-Mischung
100 ml	Milch
1	Joghurt
1	Banane
2	Äpfel
1	reife Birne
150 g	Erdbeeren
100 g	Himbeeren
	Früchte und Beeren der Saison (Heidel-, Brom-, Waldbeeren, Pfirsich, Honigmelone, Orangenfilets)
1	Zitrone (Saft)
1 EL	Zucker oder Honig

Zum Garnieren:
gemahlene Mandeln oder Haselnüsse

Die Vollkornmischung gerade mit Milch bedecken und einen halben Tag abgedeckt an einem kühlen Ort ruhen lassen. Dadurch sind die Weizen-Roggen-Vollkornflocken besser verdaulich, aufgequollen und binden das Müsli sehr sahnig. Zu den Flocken geben Sie nacheinander Joghurt, zerdrückte Banane, mittelfein geriebene Äpfel, fein geschnittene Birne, geviertelte Erdbeeren, Himbeeren sowie andere Früchte und Beeren. Zum Schluß den Zitronensaft und einen Eßlöf-

fel Zucker oder Honig zugeben und alles vorsichtig vermischen. In vier Glas- oder Porzellanschalen verteilen, darüber gemahlene Mandeln oder Nußgrieß streuen und nach Wunsch mit frischen Beeren garnieren.

Drinks zum Frühstück und für zwischendurch

Rote-Bete-Apfelgetränk

1,5 kg	Rote Bete
1,5 kg	saftige Äpfel, z. B. Granny Smith
2 EL	Blütenhonig
½ TL	Apfelessig
1 Msp.	Vitamin-C-Pulver

Rote Bete und Äpfel schälen, vierteln und von den Äpfeln das Kerngehäuse entfernen. Die Stücke in den Entsafter geben. Den Saft mit Honig, Apfelessig und Vitamin C verrühren. Auf diese Weise schmeckt auch der gesunde Rote-Bete-Saft fruchtig und spendiert uns eine Extraportion Vitamine. Meine Großmutter trank ihn täglich – mit Apfelessig! – und war immer kerngesund.

Möhrencocktail

2 kg	mittelgroße Karotten
2	Orangen (Saft)
2 EL	Blütenhonig
½ TL	Apfelessig
1 Msp.	Vitamin-C-Pulver

Die Karotten schälen, fein reiben und durch ein feines Sieb pressen oder in einen Entsafter geben, das ist einfacher.

Abb. 12: Gebackene Austern auf Kressepüree mit Tomatencoulis

Alle Zutaten dazugeben, gut verrühren und leicht gekühlt als vitaminreiches Erfrischungsgetränk reichen.

Vorspeisen

Gebackene Austern auf Kressepüree mit Tomatencoulis

Für die Tomatencoulis:

2	feste vollreife Tomaten
1	Schalotte
1 Msp.	ausgepreßter Knoblauch
2 EL	kaltgepreßtes Olivenöl
½ Zweig	frischer Thymian
1 Spritzer	Pernod
	Salz und weißer Pfeffer aus der Mühle

Die Tomaten häuten, vierteln, entkernen und das Fruchtfleisch klein würfeln. Die Schalotte abziehen und würfeln, zusammen mit dem Knoblauch in dem erhitzten Öl glasig dünsten. Die Tomatenwürfel zufügen und alles fünf Minuten köcheln lassen. Mit gehackten Thymianblättchen, Pernod, Salz und Pfeffer abschmecken.

Für die Austern:

20	schöne, gut geschlossene Austern
	Mehl
1	Ei
3 EL	feine Semmelbrösel
20 g	geklärte Butter (Butterfett)

Die Austern mit einem Spezialmesser aufbrechen und auslösen. Säubern und mit Küchenkrepp trockentupfen. In etwas Mehl, dann in verquirltem Ei wenden und zum Schluß in Semmelbrösel wälzen. Die Panade festklopfen und die Austern in dem erhitzten Butterfett von jeder Seite eine Minute goldgelb braten.

Für das Kressepüree:

1 Bund	Brunnenkresse
150 g	frischer, junger Blattspinat
100 ml	Sahne (30 % Fett)
100 g	kalte Butterwürfelchen
	Salz und weißer Pfeffer aus der Mühle

Die Brunnenkresse entstielen, den Spinat verlesen und beides in kochendem Wasser eine Minute blanchieren. Abgießen, in Eiswasser abschrecken und fest ausdrücken. Die Sahne erhitzen, Spinat und Kresse hinzufügen, einmal kurz aufwallen lassen und im Mixer pürieren. Nach und nach die eiskalte Butter zugeben. Mit Salz und Pfeffer würzen.
Das Kressepüree auf vorgewärmte Teller verteilen. Darauf die gebackenen Austern legen und mit den Tomatencoulis nappieren (mit Sauce überziehen). Eventuell mit einer Austernschale und Kapuzinerblüte garnieren. Sofort servieren.

Gurken-Dillschaum mit Sylter Krabben im Glas

120 g	frische Sylter Krabben (oder Krabben in der Lake)
1	Salatgurke
2	reife Tomaten
1	Eiweiß
4 Blatt	Gelatine
1 Sträußchen	Dill, fein geschnitten
	Salz und Tabasco
150 ml	geschlagene Sahne

Zum Garnieren:

2–4	Kirschtomaten
4	Dillzweigchen

Verteilen Sie die Krabben – bis auf einige zum Garnieren – auf vier Glasschälchen. Die Salatgurke schälen, längs halbieren und die Kerne mit einem Teelöffel herausschälen. Ca. zwei Eßlöffel der Gurke in feine Würfelchen schneiden und zur Seite stellen. Den Rest mit den Tomaten fein mixen und durch ein Passiertuch laufen lassen – so erhalten Sie einen hellen, frischen Fond. 400 Milliliter davon im heißen Wasserbad mit dem Eiweiß und der kalt eingeweichten und ausgedrückten Gelatine gut warm schlagen. Danach die Masse in einer in Eiswasser stehenden Schüssel dickflüssig kalt schlagen, die leicht gesalzenen Gurkenwürfelchen und Dill einrühren, mit Salz und Tabasco kräftig abschmecken.
Zum Schluß die Sahne einrühren, schnell in die vorbereiteten Glasschalen mit den Krabben füllen und gleich abgedeckt zwei Stunden kalt stellen.
Mit je einer halben Kirschtomate, Dillzweigchen und ein paar Krabben dekorieren und mit warmem Stangenweißbrot servieren.
Tip: Das Gericht kann schon am Vortag zubereitet werden.

Gartengemüse mit Thunfisch-Dip

Für den Thunfisch-Dip:

2	Eigelb
1 EL	Gewürzgurkenfond
1 EL	Weißwein
½	Zitrone (Saft)
½ TL	scharfer Senf
1	Sardellenfilet
100 g	Thunfischstücke in Öl (Konserve)
4 Blatt	Basilikum
200 ml	gutes Olivenöl (oder anderes Pflanzenöl)
	Salz und Pfeffer aus der Mühle

Abb. 13: Gurken-Dillschaum mit Sylter Krabben im Glas

Alle Zutaten im Mixer fein pürieren, zum Schluß langsam das Olivenöl in die Masse hineinlaufen lassen. Die dickflüssige Sauce durch ein feines Sieb passieren, mit Salz und Pfeffer sehr würzig abschmecken und bis zum Servieren abgedeckt gut kühl stellen.

Putzen, waschen und schälen Sie verschiedene Gemüse der Saison, zum Beispiel Radieschen, Kohlrabi, Staudenselleriestangen, Salatgurke, rote und gelbe Paprika, Karotten, kleine rote und weiße Rettiche, Fenchelknolle. Alles in gleichmäßig schöne Stücke oder Stifte schneiden und gemischt in Glasschalen plazieren.
Dieses Gemüse – in die Thunfischsauce gedipt – läßt sich jederzeit als Stehempfang, Aperitif, erfrischende Zwischenmahlzeit oder Vorspeisenbegleitung mit einem Weißwein, Sekt oder Champagner servieren.

Gebackene Frühlingsrollen mit Lachssushi und süß-scharfer Sauce

Für die Frühlingsrollen:

200 g	Gemüsestreifen: Karotten, Kohlrabi, Kaiserschoten, Lauch und Shiitakepilze
3 EL	Erdnußöl
30 g	frische Sojasprossen, geputzt
½ TL	Ingwer, gerieben
8	Korianderblätter
	Curry, Salz und Sojasauce
4 Blatt	Brickteig oder Strudelteig
1	Eiweiß

Das Gemüse im heißen Erdnußöl kurz schwenken, Sojasprossen zufügen und mit den restlichen Zutaten sehr würzig abschmecken. Die Masse in Brickteig (Asienshop) einrollen, mit Eiweiß an den Enden verkleben. Zum Servieren im Backofen bei 200 °C etwa acht bis zehn Minuten knusprig backen.

Für die Sushi:

100 g	Klebreis (Asienshop)
4	große Spinatblätter
80 g	frischen Lachs
1 Msp.	eingelegten oder frischen Ingwer
8	Korianderblätter
½	Zitrone (Saft)
	Salz und Pfeffer aus der Mühle
	Gurkenstifte

Klebreis nach Verpackungsangabe kochen, ausdampfen lassen und mit einer Gabel lockern. Spinatblätter kurz blanchieren (ca. 20 Sekunden) und zwischen einem Tuch gut trocknen. Die Blätter auf eine Sushimatte (Asienshop) auf ca. 12 × 20 Zentimeter ausbreiten, darauf dünn abgekühlten Reis verteilen. Lachsstreifen von ca. 1,5 Zentimetern Dicke schneiden, mit Ingwer, Koriander, Zitrone, Pfeffer und Salz würzen. Längs auf den Reis legen, ebenso leicht gesalzene Gurkenstifte. Nun alles pressend aufrollen und kalt stellen.

Für die Sauce:

4 EL	süß-scharfe Chinasauce
1 EL	Sojasauce
10	Korianderblätter, geschnitten

Alle Zutaten gut vermischen.
Sushi in ca. vier Zentimeter dicke Scheiben schneiden, auf Teller legen und mit gebackenen Frühlingsrollen und der Sauce servieren.

Abb. 14: Gebackene Frühlingsrollen mit Lachssushi und süß-scharfer Sauce

Die Frühlingsrollen mit der Sauce können Sie – auch ohne Lachssushi – wunderbar abends oder bei einem Empfang als Snack reichen.

Sauce und Spitzen von weißem und grünem Spargel mit gebratener Lachsscheibe

Für die Saucen:

16 Stangen	weißer Spargel
16 Stangen	grüner Spargel
2 l	Wasser
40 g	Butter
½	Zitrone (Saft)
	Salz
1 Stück	Würfelzucker
6 EL	Crème fraîche
	Salz und weißer Pfeffer aus der Mühle
	mehrere Stangen Blattpetersilie

Abb. 15: Sauce und Spitzen von weißem und grünem Spargel mit gebratener Lachsscheibe

Den weißen Spargel schälen. Vom grünen Spargel nur das untere Drittel dünn schälen, holzige Enden abschneiden. Das Wasser mit Butter, Zitronensaft, Salz und Zucker zum Kochen bringen. Zuerst den weißen Spargel darin „bißfest" garen, danach den grünen Spargel. Nach dem Kochen jeweils in Eiswasser abschrecken. Von den Spargeln die Spitzen abschneiden und beiseite stellen. Die weißen Spargelstangen pürieren, durch ein Sieb passieren und mit drei Eßlöffeln Crème fraîche vermischen, abschmecken. Auf die gleiche Weise mit dem grünen Spargel verfahren. Mischen Sie zur Färbung hier noch etwas gehackte Blattpetersilie bei. Beide Saucen kühl stellen.

Für die Garnitur:

100 g Friséesalat oder frische Kräuter
6–7 EL Vinaigrette (Rezept siehe *Seite 79*)

Für die Garnitur den Salat oder Kräuter putzen, waschen, abtropfen lassen und in mundgerechte Stücke zerpflücken. Mit der Hälfte der leicht erwärmten Vinaigrette anmachen. Die restliche Vinaigrette über die Spargelspitzen träufeln.

Für den Fisch:

4 frische Lachsscheiben à 80 g
Salz und schwarzer Pfeffer aus der Mühle
20 g geklärte Butter (Butterfett)

Die Lachsscheiben salzen und pfeffern und leicht mehlieren. Das Butterfett in einer Bratpfanne erhitzen und die Fischscheiben von jeder Seite eine Minute braten.
Geben Sie jeweils etwas von der weißen und grünen Spargelsauce auf die Teller und ziehen Sie mit einem Zahnstocher Muster ineinander. In die Mitte eine gebratene Lachsscheibe legen, mit Spargelspitzen und Kräutern oder Frisée garnieren. Sofort servieren.

Matjesfilet mit Apfel und Rote Bete in Sauerrahm mit Folienkartoffeln

Für die Matjesfilets:

8 Matjesfilets (Mai und Juni ist die beste Zeit)
1 Apfel (Delicious)
1 Rote-Bete-Knolle, weich gekocht
2 kleine Essiggürkchen
1 kleine Zwiebel, geschält
2 EL Mayonnaise
$\frac{1}{2}$ Becher Sauerrahm
1 TL grober Senf
$\frac{1}{4}$ Zitrone (Saft)
Salz und Pfeffer aus der Mühle
1 Sträußchen Dill
2 EL angeschlagene Sahne

Die Matjes, falls sie sehr salzig sind, acht Minuten kalt wässern. Danach trocken tupfen, in breite Streifen schneiden und kühl stellen. Den Apfel schälen, vierteln, das Kerngehäuse herausschneiden und in kleine Scheibchen schneiden. Die Rote Bete und die Essiggurken ebenfalls in kleine Scheiben schneiden. Die Zwiebel in dünne Streifen schneiden, in eine Schüssel geben und mit der Mayonnaise, dem Sauerrahm und dem Senf gut verrühren. Die dickflüssige Sauce mit Zitronensaft, Salz und Pfeffer würzen und nun die vorbereiteten Zutaten und die Matjes dazugeben. Alles miteinander mit zwei Eßlöffeln gut vermengen, ca. eine Stunde kühl stellen und vor dem Anrichten geschnittene Dillspitzen und die angeschlagene Sahne unterheben.

Für die Folienkartoffeln:

4	mittelgroße, mehlige Kartoffeln
1 Prise	Kümmel und Salz
	Alufolie

Zum Garnieren:

1 Kopf	Lollo-rosso-Salat

Die Kartoffeln unter fließendem Wasser gut bürsten, Alufolie zurechtschneiden und die Kartoffeln in die Mitte der Stücke legen. Je eine Prise Kümmel und Salz aufstreuen und gut einwickeln. In eine Pfanne (Auflaufform) drei Zentimeter dick Salz geben, die Folienkartoffeln mit etwas Abstand daraufsetzen und nun im 180 °C warmen Backofen ca. 50 Minuten backen.
Gewaschene, mit Zitrone und Öl marinierte Salatblätter auf die Teller legen, darauf den Matjessalat geben und mit den Folienkartoffeln servieren.

Mariniertes Rohfleisch mit Sauce verte auf Scheiben von Tomaten und Gurken

Für die Sauce:

je 1 Bund	Basilikum und glatte Petersilie
½	Knoblauchzehe
1 EL	Pinienkerne
150 ml	kaltgepreßtes Olivenöl
½ TL	feine Kapern
1 Spritzer	Balsamico-Essig
1 Prise	Salz

Die Kräuter waschen, schleudern, die Blättchen von den Stielen zupfen. Die Knoblauchzehe abziehen. Alles zusammen mit den restlichen Zutaten für die Sauce mit einer Prise Salz im Mixer fein pürieren.

Für das Fleisch:

400 g	Tatar
1 Msp.	Zitronenpfeffer
1 Spritzer	Balsamico-Essig
3 EL	kaltgepreßtes Olivenöl
	Salz

Zum Garnieren:

2	reife Tomaten
1	Salatgurke

Das Tatar in eine ovale Porzellanform mit hohem Rand geben. Zitronenpfeffer, Essig, Öl und etwas Salz zufügen und mit einer Gabel von unten nach oben Stück für Stück spiralartig durchmengen. Diesen Vorgang fünfmal wiederholen, das Tatar gut glatt streichen. Die Sauce verte dünn darüberstreichen und bis zum Servieren kühl stellen.
Tomaten- und Gurkenscheiben auf den Tellern abwechselnd fächern, nach Wunsch würzen, Rindfleisch auflegen und dazu ofenwarmes Baguette reichen. Dieses Gericht können Sie durchaus auch als kleinere Hauptmahlzeit servieren.
Tip: Lassen Sie das Rindfleisch erst kurz vor der Verarbeitung frisch durch den Fleischwolf drehen, so bleibt es schön rot.

Abb. 16: Mariniertes Rohfleisch mit Sauce verte auf Scheiben von Tomaten und Gurken

Salat von Ochsengaumen mit Radieschen, Zwiebelringen und Kartoffelmajoranrösti

400 g Ochsengaumen (Metzgerei, aufgeschnitten) oder Fleischwurst
12 Radieschen
4 kleine weiße Rettiche
Salz
1 kleine Zwiebel
1 EL Schnittlauch, geschnitten
2 EL Butaris
2 große Kartoffeln
Majoran

Für die Sauce:
½ EL milder Wein- oder Kräuteressig
½ TL Senf, mittelscharf
3 EL gutes Salatöl
2 EL Wasser
Salz und weißer Pfeffer aus der Mühle

Rettich und Radieschen waschen und in Scheiben hobeln.
Tip: Die Rettiche fächern, zur Ziehharmonika schneiden und auf die Teller legen.

Rettiche und Radieschen mit Salz marinieren, nach ca. zehn Minuten den salzigen Saft abschütten. Die Zwiebel schälen und in dünne Scheiben schneiden. Alle Zutaten für die Sauce vermischen, mit Salz und Pfeffer würzen. Ochsengaumen, Radieschen- und Rettichscheiben, Zwiebelringe und Schnittlauch mit der Sauce marinieren und ca. eine halbe Stunde ziehen lassen. Inzwischen die Kartoffeln schälen, in dünne Stäbchen schneiden und in eine heiße Pfanne mit Butaris geben. Die Kartoffeln leicht andrücken und beidseitig goldgelb-kroß braten, leicht salzen und mit Majoran würzen. Die Kartoffelrösti auf ein Holzbrett geben, vierteln und zu dem angerichteten Ochsengaumensalat legen.

Abb. 17: Blutwurstravioli mit Apfelmeerrettich auf Rübstielgemüse mit Portweinsauce

Blutwurstravioli mit Apfelmeerrettich auf Rübstielgemüse mit Portweinsauce

Für das Gemüse:
400 g Rübstiel
1 EL Schalottenwürfel
30 g Butter
1 TL Mehl
⅛ l Sahne
Salz und Pfeffer aus der Mühle

Rübstiel waschen, trocken schleudern und in Streifen schneiden. Schalottenwürfel in heißer Butter schwenken, das Mehl zugeben, gut verrühren und die Sahne angießen. Unter Rühren dickflüssig einkochen, das Rübstiel zugeben und ca. fünf Minuten köcheln lassen. Mit Salz und Pfeffer fein abschmecken und warm halten.

Für den Apfelmeerrettich:

1 großer Apfel, z. B. Delicious
1 TL geriebener Meerrettich
1 TL Honig
1 Msp. Vitamin-C-Pulver

Apfel grob reiben und schnell mit Meerrettich, Honig und Vitamin C (dadurch verfärbt der Apfel nicht) vermischen und in ein Weckglas geben, verschließen und kühl stellen.

Für die Blutwurstravioli:

4 Scheiben Blutwurst à 50 g
100 g Nudelteig (Rezept *Seite 78 f.*)
1 Eigelb
1 EL Milch

Eigelb und Milch vermischen. Den Nudelteig sehr dünn ausrollen, Blutwurstscheiben daraufgeben und schnell mit dem mit etwas Eigelb-Milch-Mischung eingepinselten Nudelteig bedecken. Gut andrücken und mit einem Nudelroller in Form schneiden.
Eine Kasserolle mit Wasser, einer Prise Salz und einem Eßlöffel Olivenöl zum Kochen bringen. Die Ravioli hineingeben, abgedeckt nun am Herdrand drei Minuten köcheln lassen.

Für die Sauce:

100 ml Rotwein
80 ml roter Portwein
1 Thymianzweig
¼ l Geflügel- oder Kalbsfond (siehe Rezept *Seite 82 f.* und *84*)
Salz und Pfeffer aus der Mühle

Rot- und Portwein mit dem Thymianzweig gut reduzieren (Einkochen im offenen Topf), den Fond zugeben und auf die Hälfte der Flüssigkeit einköcheln lassen. Mit Salz und Pfeffer abschmecken. Nacheinander in tiefe Teller Rübstiel, Sauce und Ravioli geben. Einen Teelöffel Apfelmeerrettich aufsetzen und servieren.

Wachtelbrust im Filoblatt auf Kürbisgemüse

4 Spitzkohlblätter
8 große Wachtelbrüste
Salz und Pfeffer aus der Mühle
4 Filoblätter à 16 × 16 cm (im türkischen Feinkostgeschäft)

Spitzkohlblätter kurz blanchieren, sofort kalt abschrecken und auf einem Tuch ausbreiten. Darauf je zwei Wachtelbrüstchen auflegen, mit Salz und Pfeffer würzen und in die Spitzkohlblätter einschlagen. Nun diese Roulade in Filoteig einrollen und an den Enden wie Bonbons andrücken. Bis zum Backen kalt stellen. Zum Servieren die Wachtelrouladen im Backofen bei 180 °C acht Minuten backen. Statt Wachtelbrust können Sie auch vier Hähnchenbrüste verwenden.

Für das Kürbisgemüse:

300 g Kürbisfleisch (Muskat-Kürbisse), in Scheibchen (1 × 1 cm groß und 1,5 mm dick) geschnitten

Abb. 18: Wachtelbrust im Filoblatt auf Kürbisgemüse

20 g Butter
4 cl Weißwein
200 g Sauerrahm
Salz und weißer Pfeffer aus der Mühle

Zum Garnieren:
4 Wachtelspiegeleier

Das geschnittene Kürbisgemüse in heißer Butter schwenken, den Wein und den Rahm dazugeben. Bei kleiner Hitze abgedeckt ca. acht Minuten dickflüssig mit etwas Biß garen und mit Salz und Pfeffer abschmecken. Das Gemüse auf heiße Teller verteilen, darauf die Wachtelrouladen legen und mit Wachtelspiegeleiern garnieren. Sofort servieren.

Suppen

Suppe von Pastinaken mit gebackenen Gambas

8 Gambas à 60 g (tiefgekühlt)
Salz und Curry

Die Gambas ausbrechen, den Schwanz zu zwei Drittel vom Kopf her aufschneiden, den Darm ziehen. Gambas mit Salz und wenig Curry würzen.

Für den Backteig:
100 ml kaltes Wasser
4 cl Weißwein
1 Eiweiß
ca. 100 g Mehl
1 Msp. Safranpulver
1 Prise Salz
2 l Backfett

Abb. 19: Suppe von Pastinaken mit gebackenen Gambas

Alle Zutaten bis auf das Backfett zu einem dickflüssigen Teig verrühren, die Gambas darin wenden und nun in der Friteuse oder in der Pfanne (nur 1 l Backfett!) bei 170 °C 1½ Minuten knackig backen.
Tip: Meine asiatische Variante: Die Gambas mit kleingeschnittenen Korianderblättern würzen.

Für die Suppe:
1 Pastinake (ca. 300 g)
10 g Butter
5 cl Weißwein
½ l Fleischbrühe
300 ml Sahne
50 g kalte Butterwürfelchen
Salz und weißer Pfeffer aus der Mühle
1 Sträußchen gehackte Petersilie

Das Gemüse waschen, schälen, kleinschneiden und in der heißen Butter kurz schwenken. Mit Wein, Brühe und Sahne auffüllen und weich köcheln. Danach im Mixer mit den kalten Butterwürfeln sehr fein pürieren, in einen Topf passieren, gut erhitzen und mit Salz und Pfeffer gut abschmecken. In vier heiße Teller verteilen, je eine gebackene Gamba einlegen, mit Petersilie bestreuen und servieren.

Kalte Kartoffel-Lauchsuppe mit Liebstöckel und Lachstatar

Für die Suppe:
200 g mehlige Kartoffeln
¾ l heller Geflügelfond
⅛ l trockener Weißwein
1 Stange Lauch
je 1 EL grobgehackte, glatte Petersilie und Kerbel
etwas Sauerampfer
1 Blatt Liebstöckel
300 g Crème fraîche oder Sauerrahm
1 EL Balsamico-Essig
1–2 Spritzer Tabasco
Salz

Die Kartoffeln schälen, klein würfeln, mit Fond und Wein acht Minuten kochen. Den Lauch der Länge nach aufschneiden, gut waschen, fein schneiden und zu den Kartoffeln geben. Weitere 20 Minuten köcheln und zusammen mit den Kräutern und dem Sauerampfer im Mixer fein pürieren. Durch ein Sieb passieren und kühl stellen. Crème fraîche und Essig unter die Suppe rühren. Mit Tabasco und Salz abschmecken und bis zum Servieren kalt stellen.

Für das Lachstatar:

160 g	frisches Lachsfilet
	fein geschnittener Dill, Basilikum und Schnittlauch
evtl. ½	Zitrone (Saft)
	Salz und Pfeffer aus der Mühle

Das Lachsfilet in kleine Würfelchen schneiden und mit allen Zutaten gut vermischen. Mit Salz und Pfeffer fein abschmecken und schnell wieder abgedeckt kalt stellen. Daraus werden später mit zwei Eßlöffeln vier Lachstatar-Nocken ausgestochen.
Zum Servieren die Suppe auf vier tiefe, gekühlte Teller verteilen, je eine Lachstatar-Nocke auflegen. Nach Wunsch mit Kerbel oder Dillblättchen garnieren und mit ofenwarmem Weißbrot servieren.

Abb. 20: Tomatenessenz mit Topfenklößchen und Basilikum

Tomatenessenz mit Topfenklößchen und Basilikum

Für die Klößchen:

40 g	Magerquark
30 g	Sahnequark
1	Eigelb
2 Scheiben	Toastbrot ohne Rinde
1 EL	Mehl (Type 405)
	Salz und Pfeffer aus der Mühle
5 Blättchen	frisches Basilikum

Den ausgedrückten Quark mit dem Eigelb verrühren. Das Toastbrot klein würfeln und im Mixer zu Grieß mixen. Drei Eßlöffel davon abmessen und unter die Quarkmasse rühren. Das Mehl darüber sieben und alles gut vermischen. Mit Salz, Pfeffer und kleingeschnittenem Basilikum würzen. Mindestens 20 Minuten kühl stellen. Kurz vor dem Servieren mit dem Teelöffel kleine Klößchen von der Masse abstechen und in siedendem Salzwasser zehn Minuten ziehen lassen.

Für die Essenz:

500 g	vollreife Tomaten (oder geschälte Tomaten aus der Dose)
1	kleine Karotte
2	Schalotten
½	Knoblauchzehe
¼ Stange	Staudensellerie
40 g	Butter
¾ l	Fleischfond
1	Fleischtomate
2	Eiweiß
3 EL	Tomatenmark
2–3	Petersilienstengel
½ Tasse	Eiswürfel
	Salz und Pfeffer aus der Mühle
1 Prise	Zucker
2 cl	Gin

Zum Garnieren:
4 Basilikumblättchen, in feine Streifen geschnitten

Die Tomaten waschen und vierteln. Karotte schälen, Schalotten und Knoblauch abziehen, Staudensellerie waschen und putzen, alles kleinschneiden. Die Butter in einer Kasserolle erhitzen und das Gemüse darin anschwitzen. Mit dem Fond auffüllen und bei milder Hitze 15 bis 20 Minuten köcheln lassen. Vom Herd nehmen und kühl stellen.

Die Fleischtomate mit kochendheißem Wasser überbrühen, kurz ziehen lassen, dann häuten. Halbieren, mit einem Löffel die Kerne herausheben und das Fruchtfleisch in kleine Stückchen schneiden. Für die Einlage beiseite stellen.
Das Eiweiß mit dem Tomatenmark und Petersilienstengeln vermischen und zusammen mit den Eiswürfeln unter die abgekühlte Suppe rühren. Auf den Herd stellen und bei milder Hitze unter häufigem Rühren langsam zum Kochen bringen. Mit Salz, Pfeffer, Zucker und Gin abschmecken. Ein Sieb mit einem Tuch auslegen und die Suppe passieren. Nochmals kurz erhitzen.

Die gut abgetropften Topfenklößchen auf vier vorgewärmte, tiefe Teller geben, die Tomatenwürfel darüber verteilen und mit der heißen Essenz übergießen. Mit Basilikumstreifen garnieren und sofort servieren.

Kerbelsuppe mit Hähnchenbrustwürfeln in Kräuterpanade

Für die Hähnchenbrustwürfel:
300 g Hähnchenbrüste
Salz und Pfeffer aus der Mühle
200 g Toastbrotbrösel
1 Sträußchen Petersilie
6 Rosmarinnadeln
½ TL frische Thymianblättchen
1 großes Ei
30 g Mehl
Butaris oder Olivenöl zum Braten

Hähnchenbrüste in größere Würfel schneiden und mit Salz und Pfeffer würzen. Die Toastbrotbrösel mit den Kräutern mixen. Das Ei mit einer Prise Salz gut verrühren und nun das Fleisch zuerst in Mehl wenden, dann durch die Eimasse ziehen und schließlich im Panierbrot wenden. Zum Servieren in heißem Fett ca. drei Minuten saftig braten.

Für die Suppe:
100 g Kerbel
1 Sträußchen Petersilie
80 g Butter
150 g geschälte und gewürfelte Kartoffeln
1 EL Zwiebelwürfel
100 ml Weißwein
½ l Fleischbrühe
300 ml Sahne
Salz und Pfeffer aus der Mühle

Zum Garnieren:
1 EL geschlagene Sahne
4 Kerbelblätter

Die Hälfte des Kerbels und der Petersilie waschen, schleudern und mit temperierter Butter fein pürieren, so daß sie eine grüne Farbe erhält, und kalt stellen. Nebenbei die Zwiebel- und Kartoffelwürfel in Butter schwenken und mit den restlichen geschnittenen Kräutern, der Fleischbrühe, Sahne und dem Weißwein bedecken und 15 Minuten gar köcheln. Die Suppe fein mixen, passieren und mit Salz und Pfeffer abschmecken. Zum Servieren in die heiße Suppe mit einem Saucenstab die grüne kalte Butter einrühren, damit die Suppe eine frische grüne Farbe bekommt und die Vitamine erhalten bleiben.

Suppe in tiefe Teller verteilen, Hähnchenfleisch auflegen und mit einem Sahnehäubchen und Kerbelblatt garnieren.

Sauerampfersuppe mit marinierten Lachsforellenwürfeln

100 g	Sauerampfer
70 g	Butter
150 g	mehligkochende Kartoffeln
0,8 l	heller Geflügelfond
0,4 l	Sahne (30 % Fett)
	Salz und weißer Pfeffer aus der Mühle
4 cl	trockener Weißwein

Für die Lachsforelle:

1	Lachsforelle
½	Zitrone (Saft)
	Salz und weißer Pfeffer aus der Mühle

Zum Garnieren:

2 EL	geschlagene Sahne (30 % Fett)
1 EL	feingeschnittene Sauerampferstreifen

Den Sauerampfer mehrmals gut waschen und auf einen Sieb abtropfen lassen. Die Blätter von den Stielen zupfen. Etwa sechs schöne Blätter in feine Streifen schneiden und für die Einlage beiseite stellen. Zwei Drittel der Sauerampferblätter mit 60 Gramm weicher Butter im Mixer pürieren und kalt stellen. Die Kartoffeln schälen, waschen und würfeln. Restliche Butter erhitzen und die Kartoffeln darin andünsten. Mit dem Geflügelfond auffüllen, die Sahne zufügen und bei milder Hitze 20 Minuten köcheln.
Die Suppe mit dem restlichen Sauerampfer im Mixer pürieren, durch ein Sieb passieren, mit Salz, Pfeffer und Weißwein abschmecken. Erst kurz vor dem Servieren die Sauerampferbutter mit dem Saucenstab einschlagen, eventuell nochmals abschmecken.
Nebenbei die Lachsforelle filetieren, die Haut abtrennen und mit einer Pinzette die Gräten ziehen. Das Fleisch in Würfel schneiden und mit Salz, Pfeffer und Zitrone marinieren.
Zum Servieren die Sauerampfercreme auf vorgewärmte Teller verteilen und die Lachswürfel zugeben. Etwas Schlagsahne darauf zerlaufen lassen, mit den Sauerampferstreifen bestreuen und sofort servieren.

Steckrübensuppe mit Schweinebäckchen

4	gepökelte Schweinebacken (beim Metzger vorbestellen)
1	gespickte Zwiebel (kleine, geschälte Zwiebel mit Lorbeerblatt und 2 Nelken)
1	Steckrübe (ca. 600 g)
20 g	Butter
6 cl	Weißwein
½ l	Fleischbrühe
300 ml	Sahne
1 Zweigchen	Thymian
1 Msp.	Safranpulver
	Salz und Pfeffer

Schweinebacken gut mit heißem Wasser bedecken, mit einer Prise Salz und der gespickten Zwiebel bei kleiner Hitze weichkochen (ca. 30 bis 40 Minuten). Mit einem scharfen Messer das Äußere von der Steckrübe ca. drei Millimeter dick rundum abschneiden. Ein Viertel der Steckrübe in kleine Würfel schneiden und als Einlage beiseite stellen. Den Rest der Steckrübe kleinschneiden, in heißer Butter ca. eine Minute schwenken. Mit Wein, Brühe, Sahne und Thymianzweigchen bedecken und ca. 15 Minuten köcheln lassen. Danach Thymian entfernen und die Suppe im Mixer sehr fein pürieren. In einen Topf passieren, die Steckrübenwürfel dazugeben, nochmals bei geringer Hitze ca. vier Minuten köcheln lassen und mit Safran, Salz und Pfeffer fein abschmecken.
Heiße Schweinebacken portionieren, auf tiefe Teller verteilen, Suppe dazugeben, nach Wunsch mit fein geschnittenem

Abb. 21: Steckrübensuppe mit Schweinebäckchen

Schnittlauch oder Blattpetersilie garnieren und schnell servieren.
Tip: Diese leckere Suppe kann auch sehr gut mit heißen Wurststücken (Debreziner oder grobe Rauchwurst) serviert werden.

Kürbiscreme mit Wirsingroulade

Für die Wirsingroulade:

1	Wirsingkopf
80 g	Fleischfarce (Rezept siehe *Seite 85*)
1 EL	geräucherte Speckwürfelchen
1 EL	geschlagene Sahne
	Salz und weißer Pfeffer aus der Mühle

Vom Wirsingkopf die schönsten Blätter abnehmen, waschen und in kochendem Salzwasser blanchieren. In Eiswasser abschrecken. Auf ein Tuch die Blätter 20 × 20 Zentimeter ganz dicht auslegen und mit einem weiteren Tuch trockentupfen. Farce, Speckwürfel und Sahne vermischen und mit Salz und Pfeffer würzen. Die Masse auf die Wirsingfläche streichen und aufrollen. Diese Rolle in Klarsichtfolie einrollen, mit Bindfaden an den Enden binden und nun in siedendem Wasser zehn Minuten abgedeckt garen, anschließend herausnehmen.

Für die Suppe:

1	Kürbis (ca. 1 kg)
$\frac{3}{4}$ l	Geflügelfond (Rezept siehe *Seite 84*)
100 ml	Weißwein
500 ml	Sahne
50 g	kalte Butterwürfelchen
	Salz und weißer Pfeffer aus der Mühle
1 EL	geschlagene Sahne

Den Kürbis halbieren, die Kerne herauskratzen und die Schale rundum wegschneiden. Ein Drittel des Kürbisfleisches in Würfel schneiden und als Einlage beiseite stellen. Das restliche Fleisch kleinschneiden, in Butter dünsten, mit Geflügelfond, Wein und Sahne weichkochen. Danach im Mixer pürieren, passieren, aufkochen und mit eingerührten Butterwürfelchen sämig binden. Mit Salz und Pfeffer würzen.

Die Suppe in heiße tiefe Teller geben, die in Butter gegarten Kürbisstückchen verteilen. Zum Schluß die aufgeschnittenen Wirsingröllchen und Sahnehäubchen plazieren und mit gerösteten Weißbrotscheiben servieren.

Salat

Bunter Salatteller mit Joghurtkräutersauce

Für die Salatsauce:

1	Joghurt, natur
1 TL	Senf
1	Zitrone (Saft)
je 1 EL	Oliven-, Nuß- und Traubenkernöl
1 Spritzer	Balsamico-Essig
1 Spritzer	Sherry-Essig
$\frac{1}{2}$ TL	geriebener Meerrettich
$\frac{1}{2}$ TL	Vitam R (Hefeextrakt Reformhaus)
1 Prise	Salz und Zucker
	Kräuter nach Jahreszeit, z. B. Kerbel, Dill, Zitronenmelisse, Petersilie

Alle Zutaten in eine große Schüssel geben, gut verrühren und würzig abschmecken.

Für den Salat:

1	Eisberg- oder Kopfsalat
	Gelb vom Friséesalat
1 Kopf	Lollo rosso
1	kleiner Chicorée-Salat
200 g	Feldsalat
½	Salatgurke
1 Bund	Radieschen
1	kleine Fenchelknolle
1	große Karotte
80 g	Sellerieknolle
	Gartenkresse

Blattsalate zupfen, waschen und schleudern. Gurke und Radieschen fein hobeln, Fenchel in Streifen schneiden. Karotte und Sellerie fein reiben und in die Salatsauce rühren. Gartenkresse kleinschneiden und ebenfalls unterrühren. Alle Salate dazugeben und vorsichtig vermengen. Diesen Salat kann man als Vorspeise, mit Pellkartoffeln, Teigwaren oder zu Fisch und Fleisch servieren.

Tip: Im Sommer können Sie den Salat mit frischen Blüten, zum Beispiel von Kapuzinerkresse, Schnittlauch, Kerbel und Borretsch anrichten.

Hauptgerichte und Beilagen

Kartoffel-Zucchini-Gratin

500 g	vorwiegend festkochende Kartoffeln
1	kleine Zucchini
½	Knoblauchzehe
200 ml	Sahne (30 % Fett)
100 ml	Milch
	Salz und weißer Pfeffer
20 g	kalte Butterwürfel

Die Kartoffeln waschen, schälen und entweder auf der elektrischen Aufschnittmaschine oder mit der Rohkosthobel in hauchdünne Scheiben schneiden. Mit Küchenkrepp abtupfen. Die Zucchini waschen, putzen und ebenfalls in feine dünne Scheiben schneiden. Die Knoblauchzehe abziehen und eine feuerfeste Form damit ausreiben. Mit Butter auspinseln und dicht nebeneinander jeweils drei Kartoffelscheiben und eine Zucchinischeibe fächerförmig einschichten. Sahne und Milch mit Salz und Pfeffer kräftig würzen und leicht erwärmt darübergießen. Mit den Butterwürfeln belegen und in den vorgeheizten Backofen schieben. Bei 220 °C 25 bis 30 Minuten goldbraun backen.

Tip: Dieses Gratin ist eine delikate Beilage zu Geflügel und Fleischgerichten. Gibt man in die Sahne noch drei bis vier Eßlöffel Parmesan, so ist das Gratin zusammen mit einem Salat der Saison ein vollwertiges Hauptgericht für drei Personen.

Abb. 22: Kartoffel-Zucchini-Gratin

Gratin von Blattspinat und Champignons

500 g	junger Blattspinat
1	Schalotte
20 g	Butter
	Salz und weißer Pfeffer aus der Mühle
200 g	Champignons rosé
150 ml	Sahne (30 % Fett)
2 cl	Noilly Prat (französischer Wermut)

3 EL Sauce Hollandaise (Rezept siehe *Seite 80f.*)
1 EL geschlagene Sahne (30 % Fett)
2 EL frisch geriebener Parmesan

Den Spinat gut verlesen, entstielen und mehrmals waschen. In kochendem Wasser eine Minute blanchieren, in Eiswasser abschrecken, abtropfen lassen und sehr gut ausdrücken. Die Schalotte abziehen und würfeln. In zehn Gramm erhitzter Butter glasig dünsten, den Spinat zufügen und drei Minuten köcheln. Mit Salz und Pfeffer würzen. Eine feuerfeste flache Form gut ausbuttern und den Spinat hineingeben. Die Champignons putzen und häuten, anschließend in etwa zwei Millimeter dünne Scheiben schneiden. In der restlichen erhitzten Butter zwei Minuten dünsten. Mit Salz und Pfeffer würzen. Gleichmäßig auf dem Spinat verteilen. Die Sahne mit dem Noilly Prat zur Hälfte einköcheln lassen und die Sauce Hollandaise unterrühren. Mit einer Prise Salz abschmecken und zum Schluß die Schlagsahne unterziehen. Über den Champignons verteilen, mit Parmesan bestreuen. Den Backofen mit Oberhitze auf 250 °C vorheizen. Die Champignons auf der obersten Schiene ca. acht bis zehn Minuten goldbraun überbacken.
Wenn Sie das Gratin als vegetarische Hauptmahlzeit servieren wollen, geben Sie es auf vorgewärmte Teller und reichen Sie neue kleine Pellkartoffeln dazu. Als Beilage paßt dieses Gratin sehr gut zu gebratenen Fischgerichten sowie zu allen Fleisch- und Geflügelspeisen.

Abb. 23: Pilz-Piroggen auf Mangoldgemüse

Pilz-Piroggen auf Mangoldgemüse

Für die Piroggen:
100 g mehligkochende Kartoffeln
150 g Champignons oder Pfifferlinge
10 g Butter
1 Eigelb
1 TL gehackte, glatte Petersilie
Salz und weißer Pfeffer aus der Mühle
200 g Blätterteig (tiefgekühlt)
1 Eigelb
1 EL Vollmilch
Mehl zum Ausrollen

Die Kartoffeln kochen, abgießen, ausdampfen lassen und pellen. Durch die feine Kartoffelpresse drücken. Die Pilze putzen (Pfifferlinge kurz waschen und gut trockenreiben; Champignons häuten) und zerkleinern. In der erhitzten Butter kurz andünsten. Mit den Kartoffeln mischen, Eigelb und Petersilie zufügen und mit Salz und Pfeffer abschmecken. Den Blätterteig antauen und auf einer bemehlten Fläche dünn ausrollen Vier gleichmäßig runde Böden ausstechen. Die Pilzmasse darauf verteilen. Die Teigränder mit etwas kaltem Wasser bestreichen, zu einem Halbmond zusammenklappen und kühl stellen. Das Eigelb mit der Milch verrühren. Die Piroggen auf ein mit kaltem Wasser abgespültes Backblech setzen, mit der Ei-Milch-Mischung bepinseln und in den vorgeheizten Backofen schieben. Bei 180 °C etwa 12 bis 15 Minuten backen.

Für das Gemüse:

300 g	junger Stengelmangold
10 g	Butter
½ EL	Mehl
⅛ l	Sahne
⅛ l	Sauerrahm
4 cl	Weißwein
	Salz
1 EL	geschlagene Sahne (30 % Fett)

Den Mangold waschen und entlang der Stiele im Abstand von etwa einem Zentimeter das Grün wegschneiden. Das Beste davon in Streifen schneiden und beiseite stellen. Die Stiele, falls nötig, häuten und dann in kleine Stücke schneiden. Die Butter in einer Kasserolle erhitzen, das Mehl einrühren und hell anschwitzen. Mit Sahne und Sauerrahm glatt verrühren. Die Sauce unter ständigem Rühren aufkochen, den Wein dazugießen und etwa fünf Minuten köcheln lassen. Mit Salz abschmecken. Die Mangoldstücke zufügen und in wenigen Minuten „bißfest" garen. Kurz vor dem Servieren die Mangoldstreifen und die Schlagsahne unterziehen.
Das Gemüse auf vorgewärmte Teller geben, je zwei Piroggen darauf anrichten und sofort servieren.
Tip: Als Garnitur kleine ganze Pilze, die in etwas heißer Butter geschwenkt werden, verwenden.

Piccata von Sellerie mit Vollkornspaghetti und Tomatenconcassé

200 g	Vollkornspaghetti
1	junge Sellerieknolle
1	Zitrone
	Salz und Pfeffer aus der Mühle
1–2 EL	Mehl
1	Ei
1 EL	frischgeriebener Parmesan
20 g	geklärte Butter (Butterfett)

Die Vollkornspaghetti nach Packungsanweisung garen. Die Sellerieknolle schälen, mit etwas Zitronensaft einreiben und in kochendem Salzwasser mit ein paar Zitronenscheiben „bißfest" garen. In Eiswasser abschrecken und in vier gleich große Scheiben schneiden. Mit Salz und Pfeffer würzen. Jede Scheibe zuerst in Mehl, dann in dem verschlagenen Ei und zum Schluß im Parmesan wenden. Die Panade etwas andrücken und in der erhitzten geklärten Butter von jeder Seite zwei bis drei Minuten goldbraun braten.

Für die Tomatenconcassé:

2	vollreife Tomaten
1	Schalotte
½	Knoblauchzehe
5 g	Butter
1 EL	Olivenöl (extra, erste Pressung)
1	frischer Zweig Thymian
	Salz und Zucker

Zum Garnieren:

4	dünne Scheiben durchwachsener Bauchspeck

Die Tomaten mit kochendem Wasser überbrühen, in Eiswasser abschrecken. Häuten, halbieren und die Kerne mit einem Teelöffel herausheben. Das Fruchtfleisch fein würfeln, Schalotte und Knoblauch abziehen, fein würfeln. Butter mit Öl erhitzen, Schalottenwürfel mit dem Knoblauch darin glasig dünsten, Tomatenwürfel und Thymian zufügen und drei bis vier Minuten einköcheln lassen. Den Zweig entfernen und mit einer Prise Salz und Zucker abschmecken.

Den Bauchspeck in einer heißen Pfanne kroß braten.
Die Piccata auf den Vollkornspaghetti anrichten. Mit der Tomatenconcassé nappieren und mit den Speckscheiben umlegen.
Tip: Ohne Speck und mit der doppelten Menge Zutaten ist die Piccata ein vollständiges vegetarisches Gericht.

Abb. 24: Spinatflan mit Forellenfilet und Paprikasauce

Spinatflan mit Forellenfilet und Paprikasauce

Für den Flan:
350 g junger Blattspinat
10 g Butter
2 EL Sahne
2 Eier
¼ Knoblauchzehe
Salz und Pfeffer aus der Mühle
4 gebutterte, feuerfeste Förmchen

Spinat putzen, waschen und in kochendem Salzwasser ca. 90 Sekunden blanchieren und gleich in Eiswasser abkühlen. Gut ausdrücken und 120 Gramm davon in leicht gebräunter Butter anschwenken. Mit der Sahne, den Eiern und dem Knoblauch im Mixer sehr fein pürieren und mit Salz und Pfeffer gut würzen. In die kalten gebutterten Förmchen (3 bis 4 cm hoch, Ø 4 bis 6 cm) bis ca. einen Zentimeter unter den oberen Rand füllen, die Förmchen in einen Topf, der zwei Zentimeter hoch mit heißem Wasser gefüllt ist, stellen und so im Backofen bei 170 °C etwa 12 bis 15 Minuten garen.
Vor dem Servieren den restlichen Blattspinat in Butter anschwenken und mit Salz und Pfeffer würzen.

Für die Paprikasauce:
1 rote Paprika
1 vollreife Tomate
2 EL Olivenöl
300 ml Fischfond (siehe Rezept *Seite 82*)
4 cl Weißwein
¼ l Sahne
1 Thymianzweig
40 g kalte Butterwürfelchen
Salz und weißer Pfeffer aus der Mühle

Die Paprikaschote und die Tomate putzen, waschen und kleinwürfeln. In dem erhitzten Olivenöl dünsten. Mit Fischfond, Wein und der Sahne auffüllen, Thymian zufügen. Bei milder Hitze offen zehn Minuten köcheln. Anschließend im elektrischen Mixer fein pürieren. Eiskalte Butterwürfel zufügen, nochmals durchmixen und durch ein Sieb passieren. Mit Salz und Pfeffer würzen, abschmecken und am Herdrand warmhalten.

Für die Forellenfilets:
4 Forellenfilets à 140 g
Salz
1 EL Zitronensaft
1 EL Weißwein
2 EL Fischfond

Die Forellenfilets mit Salz und Zitronensaft würzen. Auf eine feuerfeste Platte legen, Weißwein und Fischfond dazugeben und bei 190 °C etwa sieben Minuten im Backofen saftig garen.
In Butter angeschwenkten Spinat auf heiße Teller verteilen. Darauf die Spinatflans stürzen, Paprikasauce angießen und mit Forellenfilets servieren. Dazu können Sie warmes Weißbrot, Reis oder Salzkartoffeln servieren.
Tip: Rote und gelbe Paprikastreifen bißfest kochen und damit die Teller schön garnieren.

Blumenkohl-Brokkoliterrine mit gebratenem Seeteufel und Pinienvinaigrette

Für die Terrine:
300 g Blumenkohl
200 g Brokkoli
8 Karottenscheiben, bißfest gekocht
100 ml Sahne
3 Eier
10 g Butter
Salz und weißer Pfeffer aus der Mühle
1 kleine Terrinenform

Vom Blumenkohl schöne Röschen schneiden, den Rest – etwa 100 Gramm – kleinschneiden, in Butter schwenken und mit Sahne auffüllen. Alles weichkochen. Im Mixer mit den Eiern fein pürieren und mit Salz und Pfeffer würzen. Nebenbei Blumenkohl- und Brokkoliröschen bißfest kochen. In Eiswasser abschrecken und möglichst trocken schleudern. Eine Terrinenform mit Klarsichtfolie und den Karottenscheiben auslegen. Die Gemüseröschen hineingeben und mit der Sahnemasse gerade bedecken. Wieder mit Karottenscheiben schließen, die Terrine mit Folie abdecken und nun im Backofen bei 150 °C (Umluft) auf einem Blech mit zwei Zentimetern Wasser ca. 50 Minuten garen.

Für den Seeteufel:
4 Seeteufelfilets à 80 g
Salz und Pfeffer aus der Mühle
2 EL Olivenöl
je 1 Zweig Rosmarin und Thymian

Den Seeteufel mit Salz und Pfeffer würzen und in heißem Olivenöl mit den Kräutern saftig braten.

Für die Vinaigrette:
30 g leicht geröstete Pinienkerne
6 cl Vinaigrette (Rezept siehe *Seite 79*)
1 EL gehackte Kräuter: Petersilie, Kerbel, Estragon
1 Spritzer Balsamico-Essig
Salz und Pfeffer aus der Mühle

Alle Zutaten mit dem Saucenstab fein bis grob pürieren und mit Salz und Pfeffer abschmecken.
Gemüseterrine in vier Scheiben schneiden und auf die Teller verteilen, die Fischfilets anlegen und mit Pinienvinaigrette nappieren. Dazu paßt ofenwarmes Stangenweißbrot.
Tip: Die Gemüseterrine läßt sich hervorragend vorbereiten und kann sehr gut wieder erwärmt und als Gemüsebeilage zu Fleisch oder Fisch serviert werden.

Zanderfilet mit Schalottenbutter, Senf-Schnittlauchsauce und bunten Kartoffeln

Für die Schalottenbutter:
100 g Schalottenwürfel
½ l kräftiger Rotwein
100 ml roter Portwein
250 g Butter
4 Eigelb
Salz und Pfeffer

Die Schalotten mit dem Rot- und Portwein dickflüssig einkochen und gut abkühlen. Die Butter mit dem Eigelb cremig rühren, die Schalotten gut untermischen und mit Salz und Pfeffer kräftig abschmecken. In Alufolie einrollen und tiefkühlen.

Für die Fisch-Weißwein-Sauce:
400 ml Fischfond
100 ml trockener Weißwein
½ EL Mehlbutter

Abb. 25: Zanderfilet mit Schalottenbutter, Senf-Schnittlauchsauce und bunten Kartoffeln

250 g Sahne (30 % Fett)
½ Zitrone (Saft)
Salz

Den Fischfond mit Wein und der Mehlbutter (die gleiche Menge Mehl und Butter gut verkneten, siehe *Seite 81*) langsam zum Kochen bringen und auf die Hälfte der Flüssigkeit einkochen. Die Sahne zufügen und wieder auf ein Drittel der Flüssigkeit reduzieren. Mit Zitronensaft und Salz abschmecken.

Für die Zanderfilets:

2 süße Kartoffeln (Feinkostgeschäft)
2 kleine blaue Kartoffeln (Feinkostgeschäft)
2 kleine festkochende Kartoffeln
¼ l Fisch-Weißwein-Sauce
50 g kalte Butterwürfelchen
½ TL Dijonsenf
Salz
Zitronensaft
1 Sträußchen Schnittlauch, feingeschnitten
4 Zanderfilets à 120 g
2 cl Olivenöl
Salz, Pfeffer
½ Zitrone (Saft)

Die Kartoffeln schälen, in Würfel schneiden, nach Sorten getrennt in leicht gesalzenem Wasser bißfest kochen und schnell kalt abschrecken. Die Fisch-Weißwein-Sauce aufkochen, die Butterwürfelchen einrühren, mit Senf, Salz, Zitrone und Schnittlauch fein abschmecken. Die Zanderfilets würzen und in heißem Olivenöl saftig braten. Diese auf ein Ofenblech legen, mit Schalottenbutterscheiben dünn belegen und schnell im Backofen mit Oberhitze die Butter gerade schmelzen lassen. Jetzt zügig heiße Kartoffeln, Sauce und den Fisch auf warme Teller plazieren und servieren.

Steinbuttfilet mit Staudensellerieschuppen auf Safran-Estragonfumet

4 Stangen Staudensellerie grün
4 Steinbuttfilets à 100 g
2 EL weißes Selleriepüree (siehe Rezept *Seite 85*)
¼ l Fischfond (siehe Rezept *Seite 82*)
6 cl Weißwein
50 g kalte Butterwürfel
10 Safranfäden
4 EL feine Tomatenwürfelchen
1 EL fein geschnittene Estragonblättchen
Salz und weißer Pfeffer aus der Mühle
1 Spritzer Weißwein

Die Staudenselleriestangen leicht schräg in ca. 1,5 Millimeter dicke Scheibchen schneiden – das geht am besten mit einer Aufschnittmaschine – und in kochendem Salzwasser 30 Sekunden kochen, danach schnell mit Eiswasser abschrecken. Die Steinbuttfilets mit Salz und Zitrone würzen und oben dünn mit Selleriepüree einstreichen und schön mit Sellerieschuppen belegen. Nebenbei den Fischfond und den Weißwein auf 100 Milliliter einkochen lassen, Butterwürfelchen und Safranfäden einrühren. Tomatenwürfelchen und Estragon zugeben und mit Salz und Pfeffer abrunden. Die Fischfilets in eine gebutterte Pfanne legen, einen Spritzer Weißwein und den Fischfond zugeben und im Backofen bei 190 °C ca. acht Minuten garen. Die Sauce auf heiße Teller verteilen, die Fischfilets auflegen und mit warmem Weißbrot, Salzkartoffeln oder Nudeln servieren.

Abb. 26: Steinbuttfilet mit Staudensellerieschuppen auf Safran-Estragonfumet

Abb. 27: Gefüllte Paprika auf Rindfleischsauce

Tip: Dieses Gericht läßt sich gut vorbereiten, muß danach aber unbedingt kalt gestellt werden. Alternativ kann man auch Glattbutt oder Zanderfilet verwenden.

Gefüllte Paprika auf Rindfleischsauce

Für die Sauce:

20 g	geklärte Butter (Butterfett)
1	kleine Zwiebel
200 g	Rindergehacktes (Hals oder Keule)
1 TL	Tomatenmark
⅛ l	Rotwein
1 TL	Mehl
¼ l	Wasser
½	Knoblauchzehe
1 Zweig	getrockneter Thymian
	Salz und Pfeffer aus der Mühle

Das Butterfett schmelzen, die Zwiebel abziehen, fein würfeln und in dem Fett glasig dünsten. Das Fleisch dazu bröckeln und unter ständigem Rühren braten, bis die Flüssigkeit verdampft ist. Das Tomatenmark unterrühren und mit wenig Rotwein ablöschen. Das Mehl darüber stäuben und alles gut verrühren. Restlichen Rotwein mit einem Viertel Liter kalten Wasser zufügen und glatt verrühren. Knoblauch abziehen, zusammen mit dem Thymian dazugeben. Bei milder Hitze 15 Minuten köcheln. Vom Herd nehmen, Knoblauch und Thymian entfernen und die Sauce mit Salz und Pfeffer abschmecken.

Für die Paprika:

4	Paprika
2	frische Brötchen
6 cl	Vollmilch
1	kleine Zwiebel
½	Apfel
10 g	Butter
150 g	Hackfleisch
2 EL	feingehackte glatte Petersilie
1 Prise	Majoran
	Salz und schwarzer Pfeffer aus der Mühle
20 g	Butter für den Topf

Die Paprika waschen, jeweils von den Früchten den Deckel abschneiden und die Kerne vorsichtig mit dem Teelöffel herausschaben. Die Brötchen in dünne Scheiben schneiden und mit der erwärmten Milch übergießen. Zwiebel abziehen,

Apfel schälen und entkernen, beides in feine Streifen schneiden und in der erhitzten Butter andünsten. Vom Herd nehmen und zusammen mit den eingeweichten Brötchen und dem Hackfleisch in eine Schüssel geben und mit den Kräutern vermischen. Mit Salz und Pfeffer würzen, in die Paprika füllen und in einen Topf mit wenig Brühe und 20 Gramm Butter geben. Im Backofen bei 180 °C ca. 20 Minuten garen.
Die Sauce auf vorgewärmte Teller verteilen, die Paprika in die Mitte setzen und servieren. Reichen Sie als Beilage Salzkartoffeln oder Reis.

Kalbfleisch-Rote-Bete-Küchle auf Schwarzwurzelgemüse mit Romanesko

1	frisches Brötchen
6 EL	warme Milch
400 g	frisches Hackfleisch (gemischt, vom Metzger)
1	kleines Ei
1	Rote Bete (ca. 40 g), dünn geschält, fein gerieben und gut ausgedrückt
1 EL	fein geschnittene Zwiebelwürfelchen
1 Sträußchen	Petersilie, fein geschnitten
1	Liebstöckelblatt, fein geschnitten
½ TL	scharfer Senf
	Salz und Pfeffer aus der Mühle

Das Brötchen dünn aufschneiden, mit der warmen Milch übergießen. Nach ca. zwei Minuten die Masse gut ausdrücken und mit den restlichen Zutaten in einer

Abb. 28: Kalbfleisch-Rote-Bete-Küchle auf Schwarzwurzelgemüse mit Romanesko

Schüssel gut vermischen. Mit Salz und Pfeffer würzig abschmecken und wie Hamburger portionieren.
Zum Servieren in heißem Olivenöl oder in Butaris bei nicht zu großer Hitze beidseitig ca. zehn Minuten saftig braten.

Für das Gemüse:

12	Romaneskoröschen, in Salzwasser bißfest gekocht
300 g	Schwarzwurzeln
1	Zitrone (Saft)
⅛ l	Milch
6 cl	trockener Weißwein
200 g	Crème double oder Sahne
60 g	kalte Butterwürfelchen
	Salz und weißer Pfeffer aus der Mühle

Die Wurzelansätze von den Schwarzwurzeln abschneiden und die Stangen schälen. Mit etwas Zitronensaft abreiben und in gleich große Stücke schneiden. Sofort in Milch legen, damit sie sich nicht verfärben. Zusammen mit der Milch zum Kochen bringen, mit dem Wein angießen und bißfest garen. Die Schwarzwurzeln mit einer Schaumkelle herausnehmen und kalt abschrecken. Den Fond stark einkochen, die Crème double unterrühren und auf die Hälfte reduzieren. Bei milder Hitze die eiskalte Butter mit dem Saucenstab einrühren, nicht mehr aufkochen lassen (montieren). Mit Salz, Pfeffer und etwas Zitronensaft abschmecken.
Die Schwarzwurzeln in die Sauce geben und zwei Minuten köcheln lassen. Warm halten.
Schwarzwurzeln und gekochte Romaneskoröschen auf vier Teller verteilen und die Fleischküchle auflegen. Zum Garnieren können Sie gebürstete Schwarzwurzeln längs sehr dünn aufschneiden und in heißem Fett knusprig backen.

Gefülltes Kalbschnitzel mit Erbschen und Zuckermais in Petersilienwurzelsauce

4	Kalbschnitzel à 120 g
100 g	Champignons rosè
10 g	Butter
2 Scheiben	magerer, gekochter Schinken (ca. 80 g)
2 Scheiben	Emmentaler (ca. 80 g)
1 TL	gehackte glatte Petersilie
	Salz und Pfeffer aus der Mühle
	Mehl
1	großes Ei
2 EL	Vollmilch
50 g	fein gemahlene Haselnüsse
50 g	Paniermehl (feine Semmelbrösel)
	Fett zum Braten

Die Kalbschnitzel entweder mit der geballten Faust flach ausstreichen oder die Fleischstücke jeweils zwischen Klarsichtfolie legen und mit einem breiten Messerrücken einen halben Zentimeter dick ausklopfen. Die Champignons putzen, häuten und blättrig schneiden. In der erhitzten Butter einmal kurz schwenken, in einem Sieb abtropfen und auskühlen lassen. Schinken und Käse in feine Streifen schneiden, mit den abgekühlten Pilzen und der Petersilie mischen.
Die Kalbschnitzel salzen und pfeffern. Jeweils etwas von der Füllung darauf verteilen, einmal umklappen und mit Holzspießchen befestigen. Mit etwas Mehl bestäuben und gut abklopfen. Das Ei mit der Milch verquirlen. Die Haselnüsse mit dem Paniermehl mischen. Die Schnitzel nun nacheinander erst in die Ei-Milch-Mischung tauchen, dann in der Haselnußpanade wenden. Festklopfen und in heißem Fett von jeder Seite ca. drei Minuten goldbraun braten.

Für die Petersilienwurzelsauce:

2	Petersilienwurzeln (à 80 g)
20 g	Butter
2 cl	Weißwein
200 ml	Brühe
100 ml	Sahne
	Salz und weißer Pfeffer aus der Mühle
150 g	Zuckermaiskörner (Konserve)
150 g	feine Erbschen (frisch oder tiefgekühlt)
80 g	gekochte Karottenwürfel

Die Petersilienwurzeln waschen, schälen und kleinschneiden. In heißer Butter ca. eine Minute schwenken. Wein, Brühe und Sahne dazugeben, weich kochen. Danach im Mixer fein pürieren, passieren und zum Servieren dickflüssig einköcheln und mit Salz und Pfeffer fein abschmekken. Vor dem Anrichten Mais, Erbschen und Karottenwürfel dazugeben und nochmals erhitzen. Auf vier heiße Teller

Abb. 29: Gefülltes Kalbschnitzel mit Erbschen und Zuckermais in Petersilienwurzelsauce

verteilen, das Kalbschnitzel auflegen und servieren. Sie können das Ganze noch mit kleinen Petersilienwurzeln, Babymais sowie Kaiserschoten garnieren.
Tip: Statt Kalbfleisch können Sie auch zartes Schweine- oder Putenbrustfleisch verwenden.

Strudeltüte gefüllt mit Kalbschwanz und Wurzelgemüse auf bunten Linsen

2	Kalbschwänze
1,5 kg	grob geschnittenes Wurzelgemüse (Zwiebeln, Karotten, Sellerie und Lauch)
1 EL	Tomatenmark
	evtl. Thymian- und Rosmarinzweig, Knoblauch
½ TL	zerdrückte Pfefferkörner
½	Lorbeerblatt
1	Nelke
	Salz
¼ l	Weißwein
½ l	Wasser
200 g	Gemüsewürfel von Karotten, Lauch und Sellerie
8 cl	Olivenöl
	Strudelblätter (tiefgekühlt)
1	Eiweiß

Die Kalbschwänze an den Knorpel durchschneiden, mit Salz würzen und rundum in heißem Olivenöl braun anbraten. Wurzelgemüse und Tomatenmark unterrühren. Anschließend im Ofen bei 180 °C mit den Kräutern und Gewürzen, dem Weißwein und einem halben Liter Wasser ca. 50 Minuten weich schmoren, bis sich das Fleisch von den Knochen löst. Das noch warme Fleisch vollständig von den Knochen lösen und kleinschneiden. Den Bratensaft passieren und das Fett abschöpfen. Die Gemüsewürfel in Olivenöl schwenken, das Fleisch und wenig Bratensaft dazugeben, ca. acht Minuten einschmoren lassen und dann kalt stellen. Strudelblätter auf 12 × 12 Zentimeter zurechtschneiden, den Rand mit Eiweiß bestreichen, Schmorfleisch und Gemüsewürfel auflegen, zur Tüte einrollen. Zum Servieren in der Friteuse bei 170 °C ca. vier Minuten backen. Oder im sehr heißen Backofen bei 200 °C ca. acht Minuten goldbraun backen.

Für das Linsengemüse:

je 60 g	grüne, gelbe und rote Linsen
1 EL	feingeschnittene Zwiebelwürfelchen
8 cl	Fleischbrühe
50 g	kalte Butterwürfelchen
1 Spritzer	Balsamico-Essig
	Salz und Pfeffer aus der Mühle
8	geschälte Fingermöhren, bißfest gekocht

Abb. 30:
Strudeltüte gefüllt mit Kalbschwanz und Wurzelgemüse auf bunten Linsen

Die Linsen zwei Tage zuvor gut bedeckt mit kaltem Wasser einweichen und kühl stellen (dann sind die Linsen sehr schnell gar und viel besser verdaulich). Zwiebeln in heißer Butter schwenken, die abgetropften Linsen und die Brühe dazugeben und abgedeckt etwa vier Minuten köcheln lassen. Nun zügig die kalte Butter einrühren, bis eine sämige Bindung entsteht, mit Balsamico-Essig, Salz und Pfeffer würzen und nochmals aufkochen. Auf vier heiße Teller verteilen, die gebackenen Strudeltüten und Fingermöhren auflegen und mit etwas Schmorsauce servieren.

Geschmorte Rinderbäckchen mit Balsamicosauce, Korianderkarotten und Kartoffelpüree

Für die Rinderbäckchen:

2 Rinder- oder Ochsenbacken
1 l Rotwein
3 Karotten
3 Zwiebeln
¼ kleine Sellerieknolle
4 Gewürznelken
8 Wacholderbeeren
2 Lorbeerblätter
10 Pfefferkörner (schwarz und weiß gemischt, im Mörser zerdrückt)
1 Prise Zucker
Salz und schwarzer Pfeffer aus der Mühle
50 g geklärte Butter (Butterfett)
1 EL Tomatenmark
1 Msp. Speisestärke
1 TL Wasser
1 cl Balsamico-Essig

Die Rinderbäckchen mit Rotwein begießen, Karotten, Zwiebeln und Sellerie putzen, waschen und zerkleinern. Zum Fleisch geben, die Gewürze zufügen, alles gut miteinander vermischen und zugedeckt zwei Tage ziehen lassen. Das Fleisch aus der Marinade nehmen, abtropfen lassen, mit Salz und Pfeffer einreiben und in dem erhitzten Butterfett von beiden Seiten kurz anbraten. Herausnehmen und beiseite stellen.
Die Marinade durch ein Sieb ablaufen lassen und auffangen. Das gut abgetropfte Gemüse in dem Bratfett anrösten, das Tomatenmark unterrühren und die Rinderbäckchen zufügen. Mit der Marinade auffüllen, zugedeckt in den Backofen stellen und bei 180 °C etwa 50 bis 60 Minuten schmoren.
Das Fleisch herausnehmen und in Alufolie warm halten. Die Sauce durch ein Sieb passieren, wieder erhitzen und zur Hälfte einkochen lassen. Die Stärke mit einem Teelöffel Wasser anrühren und zufügen. Mit Salz, Pfeffer und Essig abschmecken.

Für das Kartoffelpüree:

400 g mehlig kochende Kartoffeln
Salz
8 cl Vollmilch
8 cl Sahne (30 % Fett)
20 g Butter

Die Kartoffeln waschen, schälen und mit Salzwasser bedeckt weichkochen. Auf einem Sieb abgießen und trocken dampfen lassen. Durch eine Kartoffelpresse drücken. Die Milch mit der Sahne mischen, erwärmen und unter die Kartoffelmasse rühren. Mit Butter und Salz abrunden.

Für die Korianderkarotten:

1 EL geklärte Butter (Butterfett)
2 Schalotten
300 g Karottenscheiben
Salz
Zucker
100 ml Sahne (30 % Fett)
1 Sträußchen Koriander

Das Butterfett erhitzen und die abgezogenen, gewürfelten Schalotten darin glasig dünsten. Die Karottenscheiben zufügen, mit Salz und Zucker würzen. Mit der Sahne angießen und zugedeckt zehn Minuten bißfest garen. Kurz vor dem Servieren den fein geschnittenen Koriander unterrühren.
Das Fleisch schräg in gleichmäßige Scheiben aufschneiden, jeweils zwei bis drei Scheiben auf vorgewärmte Teller legen und mit der heißen Sauce nappieren. Das Kartoffelpüree aufspritzen (Spritzbeutel mit großer Tülle) und etwas Gemüse anlegen.

Borschtsch

30 g Butter
¼ Tasse geschnittene Zwiebeln
400 g Rote Bete, geschält und in ¼ cm breite und 5 cm lange Streifen geschnitten

2 EL	roter Weinessig
½ TL	Zucker
200 g	Tomaten, geschält, entkernt und gewürfelt
	Salz und Pfeffer aus der Mühle
1½ l	Rinderbrühe
150 g	Weißkohl, geviertelt, vom Strunk befreit und grob geschnitten
200 g	Kartoffeln, geschält und wie Rote Bete in Stücke geschnitten
100 g	Pastinaken
300 g	gekochte Rinderbrust von der Rinderbrühe, in 3 cm große Würfel geschnitten
2 EL	fein geschnittener, frischer Dill oder gehackte Petersilie
250 ml	saure Sahne

Die Butter in einem sechs bis acht Liter fassenden Topf über Mittelhitze zerlassen. Die Zwiebeln hineingeben und unter häufigem Rühren drei bis fünf Minuten garen, bis sie weich, aber nicht braun sind. Die Rote Bete untermischen, dann Weinessig, Zucker, Tomaten, Salz und Pfeffer dazugeben. Einen halben Liter der Rinderbrühe hineingießen, den Topf zudecken und alles 30 Minuten ungestört köcheln lassen. Den Rest der Rinderbrühe in den Topf gießen und den geschnetzelten Kohl, die Kartoffeln und Pastinaken dazugeben. Zum Kochen bringen und ca. 15 Minuten garen. Danach alles mit den Rindfleischwürfelchen in einen Topf geben, nochmals zehn Minuten sieden lassen, kräftig abschmecken, in eine Terrine gießen, mit den Kräutern bestreuen und mit saurer Sahne servieren.

Gebratene Schweineleiterle mit Wirsinggemüse und Bubenspitzle

Für die Schweineleiterle:

2 kg	Schweineleiterle (Spare Ribs, geschnittene Schweinebrust mit Knochen)
2 EL	flüssiger Honig
1 EL	edelsüßes Paprikapulver
2 EL	Balsamico-Essig
2	Knoblauchzehen
2–3 EL	Sojasauce
1 Prise	weißer Pfeffer aus der Mühle

Die Schweineleiterle in sechs bis acht Zentimeter breite Rippen schneiden oder vom Metzger vorschneiden lassen. Den Honig mit Paprikapulver, Essig und ausgepreßtem Knoblauchsaft, Sojasauce und einer Prise Pfeffer verrühren. Das Fleisch damit bepinseln und im Kühlschrank einige Stunden ziehen lassen. Kurz vor dem Servieren im vorgeheizten Backofen bei 200 °C knusprig braten.

Für die Bubenspitzle:

400 g	mehligkochende Kartoffeln
2 EL	Mehl
½ EL	Stärkemehl
2	Eigelb
	Salz
	Muskatnuß
	Mehl zum Ausrollen
1 EL	kaltgepreßtes Öl
20 g	Butter

Die Kartoffeln schälen, waschen, vierteln und weichkochen. Auf einem Sieb abgießen und trocken dampfen lassen. Durch die feine Kartoffelpresse drücken, mit Mehl, Stärkemehl und Eigelb vermischen. Mit Salz und etwas abgeriebener Muskatnuß würzen. Eine Arbeitsfläche mit etwas Mehl ausstreuen und die Kartoffelmasse fingerdick darauf ausrollen. In fünf Zentimeter lange und breite Stücke aufteilen. Diese mit der Hand über ein Holzbrett drehen, so daß die beiden Enden jeweils dünner sind als die Mitte. Auf ein leicht bemehltes Pergamentpapier legen und nacheinander in köchelndem Salzwasser blanchieren. Die Bubenspitzle sind gar, wenn sie an die Wasseroberfläche kommen. In Eiswasser abschrecken und gut abtropfen lassen. Mit Öl beträufeln, damit sie nicht zusammenkleben, und kurz vor dem Servieren in heißer Butter goldgelb braten.

Für das Gemüse:

1	kleiner Wirsing
30 g	durchwachsener Räucherspeck, gewürfelt
1	Schalotte, abgezogen und gewürfelt
¼ l	Sahne (30 % Fett)
	Salz und schwarzer Pfeffer aus der Mühle

Den Wirsing vierteln, putzen und waschen. In feine Streifen schneiden. Den Speck mit den Zwiebeln anbraten, den Wirsing zufügen, mit der Sahne angießen und zugedeckt zwölf Minuten garen. Mit Salz und Pfeffer abschmecken.
Den Wirsing auf vorgewärmte Teller geben, mit den Bubenspitzle umlegen und die Schweineleiterle auf dem Wirsing anrichten.

Rehrückenfilet im Crêpemantel mit Lebkuchensauce und Rotkraut auf Grünkohlblatt

Für das Gemüse:

8 schöne Grünkohlblätter
¼ l lieblicher Rotwein
100 ml Orangensaft
je 6 Piment- und Pfefferkörner, 2 Nelken, 1 Lorbeerblatt, 1 Thymianzweigchen und je 2 Streifen Orangen- und Zitronenschalen in einem Gewürzbeutel
400 g frisches, fein geschnittenes Rotkraut
1 Apfel (Delicious), geschält und kleingeschnitten
1 kleine Zwiebel
2 EL Gänseschmalz oder Butter
aufgelöste Stärke (Mondamin) zum Binden
Salz und Zucker

Beilage: Pilze nach Jahreszeit, gebraten

Grünkohlblätter in Salzwasser bißfest kochen. Rotwein, Orangensaft und Gewürzbeutel aufkochen, über Rotkohl mit Apfelstückchen gießen, gut vermischen und so einen Tag abgedeckt marinieren. Die Zwiebel schälen, in dünne Scheiben schneiden und so in heißem Schmalz ohne Farbe ca. zwei Minuten schwenken. Das Rotkraut mit Flüssigkeit und Gewürzbeutel dazugeben und nun bei kleiner Hitze leicht bißfest kochen. Anschließend mit Stärke rührend gut verbinden, mit Salz und einer Prise Zucker fein abschmecken. Das Rotkraut kann gerne schon ein bis zwei Tage vor dem Servieren gekocht werden. In einem verschließbaren Glas im Kühlschrank aufbewahren.

Abb. 31: Rehrückenfilet im Crêpemantel mit Lebkuchensauce und Rotkraut auf Grünkohlblatt

Für den Rehrücken:

100 g frische Champignons
100 g Kalbsbrät (beim Metzger) oder Rehfarce (Rezepte siehe *Seite 85*)
1 EL gehackte Petersilie
Salz und Pfeffer aus der Mühle
2 Crêpes (siehe Rezept *Seite 78*)
400 g pariertes Rehrückenfilet

Die Champignons putzen und in feine Würfel schneiden, in heißer Butter zwei Minuten schwenken und abkühlen. Danach mit Farce und Petersilie vermischen und mit Salz und Pfeffer würzen. Nun auf die Crêpes aufstreichen.
Nebenbei die Rehfilets mit Salz und Pfeffer würzen und in heißem Öl ca. eine Minute rundum anbraten und abkühlen.
Die kalten Filets in die Crêpes einrollen.
Zum Servieren im Backofen bei 190 °C (Umluft) ca. zehn Minuten backen, danach vier Minuten mit Alufolie abgedeckt warm ruhen lassen.

Für die Sauce:

¼ l Rehfond (Rezept siehe *Seite 84*)
6 cl Rotwein
30 g Bruchlebkuchen (ohne Glasur)
Salz und Pfeffer aus der Mühle

Den Rehfond mit Rotwein auf einen Achtel Liter Flüssigkeit einköcheln und mit dem geriebenen Lebkuchen binden. Mit Salz und Pfeffer gut abschmecken.

Das Rotkraut mit einem Eßlöffel formen und mit dem Grünkohl auf heiße Teller plazieren. Gebratene Pilze, geschnittenes Reh und Sauce dazugeben und schnell servieren. Dazu passen Spätzle oder Kroketten.
Tip: Geben Sie auf das Rotkraut etwas Apfelmeerrettich (siehe *Seite 57*) – das gibt dem Kraut eine ganz besondere Note.

Desserts

Salat von Zitrusfrüchten mit Basilikum und Tonkabohneneis

Abb. 32:
Salat von Zitrusfrüchten mit Basilikum und Tonkabohneneis

8	Kumquats
1/4 l	Orangensaft
1	Nelke
1	Zimtstange
1 EL	Zucker
je 1	weiße und rosa Grapefruit
2	Orangen
1 Msp.	Stärke
1 Sträußchen	Basilikum

Die Kumquats mehrmals mit einer feinen Nähnadel einstechen, Orangensaft, Nelke, Zimtstange und Zucker aufkochen, die Kumquats darin abgedeckt ca. vier Minuten sieden lassen; in einem verschließbaren Glas kühl stellen.
Von den Zitrusfrüchten die Schale abschneiden und die Filets einzeln herausschneiden. Diese Filets und die halbierten Kumquats schön auf die Teller fächern. Nebenbei etwas Kumquatfond mit angerührter Stärke kochend dickflüssig binden. Abkühlen lassen, geschnittene Basilikumblätter einrühren und damit die Früchte überziehen.

Für das Tonkabohneneis:

1/4 l	Vollmilch
1/4 l	Sahne (30 % Fett)
100 g	Zucker
1	Vanillestange (Mark)
1/2	Tonkabohne (Gewürzbohne, Apotheke)
6	Eigelb

Die Milch zusammen mit der Sahne und dem Zucker, dem ausgeschabten Vanillemark und der eingeriebenen Tonkabohne aufkochen. Das Eigelb gut verrühren und die Milch damit zur Rose abziehen. „Zur Rose abziehen" ist ein Fachausdruck aus der Sprache der Konditoren. Er bezeichnet die Konsistenz einer Sauce oder Creme aus Eigelb. Man taucht einen hölzernen Kochlöffel in die Creme, zieht ihn heraus und bläst leicht auf die Rückseite des Löffels. Der Saucenfilm sollte rosettenartig auseinanderlaufen und so leicht erstarren.
Die Eimasse schnell abkühlen, durch ein Sieb passieren und in der Eismaschine

gefrieren lassen. Wenn Sie keine Eismaschine besitzen, können Sie das Eis auch in einer Metallschüssel im Tiefkühlfach frieren. Dabei sollten Sie die Masse alle 15 Minuten umrühren, damit sich keine zu großen Eiskristalle bilden können.

Für das Sabayone:

2	Eigelb
1 EL	Zucker
2 cl	Grand Marnier
4 cl	Weißwein

Zum Garnieren:

Himbeersauce (-mark)

Eigelb mit Zucker, Grand Marnier und Wein auf heißem Wasserdampf schaumig warm rühren. Lauwarm vor die Früchte geben, Himbeersaucenstreifen auf das Sabayone geben und mit kleinem Holzspieß verzieren. Mit Tonkabohneneis und Mandelgebäck servieren.

Kaltschale von Erdbeeren mit Waldmeister

1 kg	reife Erdbeeren
1 Sträußchen	Waldmeister
6 cl	Apfelsaft
3 EL	Zucker
300 ml	Sekt

Die Erdbeeren zupfen, waschen und ca. 400 Gramm davon vierteln und in den Glasschälchen verteilen.
Die Blättchen des frischen Waldmeisters am besten einen bis zwei Tage vorher auf Papierkrepp verteilen und an einem warmen Ort bei etwa 25 °C trocknen (offen liegen lassen). Dadurch wird sein Aroma intensiver.

Den Apfelsaft erhitzen und etwas Waldmeister hineingeben, abkühlen und den Rest Erdbeeren und Zucker fein mixen, passieren und zugeben. Zum Schluß noch den Sekt dazugeben. Vorsichtig verrühren und auf die verteilten Erdbeerstücke gießen. Nach Wunsch mit Fruchtsorbet oder einer Kugel Vanilleeis servieren.

Gelierte Quittensuppe mit Kartäuserklößen und Kürbiskernparfait

Für die Suppe:

1,5 kg	Quitten
100 g	Zucker
0,5 l	Weißwein
0,5 l	Apfelsaft
5 g	weiße Gelatine oder Aspikpulver
$\frac{1}{8}$ l	Champagner

Die Quitten waschen, vierteln und das Kerngehäuse entfernen. In einen Topf geben, mit Zucker bestreuen und mit Weißwein und Apfelsaft begießen. Einmal aufkochen lassen, dann bei milder Hitze 60 Minuten köcheln. Durch ein Sieb passieren und einen halben Liter dieser Flüssigkeit abmessen und in einem kleinen Topf erhitzen. Das Gelatinepulver mit etwas kaltem Wasser anrühren und in dem köchelnden Fond auflösen. Den Topf vom Herd nehmen, auf Eis stellen

Abb. 33: Gelierte Quittensuppe mit Kartäuserklößen und Kürbiskernparfait

und unter ständigem Rühren noch einmal durch ein Sieb passieren. Den Champagner zufügen und kühl stellen.

Einlagetip: *Apfelbällchen*

2	Äpfel (Delicious oder Boskop)
100 ml	Weißwein
½	Zimtstange
1 TL	Bourbon-Vanillezucker

Die Äpfel dünn schälen. Mit einem Kugelausstecher 24 kleine gleichmäßige Kugeln ausstechen und diese sofort in den Wein legen, so verfärben sie sich nicht. Zimt und Vanillezucker zufügen und bei milder Hitze sechs Minuten dünsten. Vom Herd nehmen, die Zimtstange entfernen und die Äpfel in dem Sud erkalten lassen.

Für das Parfait:

80	grüne Kürbiskerne
2 cl	Weißwein
50 g	Zucker
2	Eier
1	Eigelb
20 g	Zucker
1 Blatt	Gelatine
5 cl	Kürbiskernöl
150 g	geschlagene Sahne

Kürbiskerne mit Wein und 50 Gramm Zucker unter ständigem Rühren hellbraun in der Pfanne karamelisieren und auf ein Backpapier dünn ausbreiten. Wenn die Masse erkaltet ist, mit einem Wellholz kleinklopfen.
Eier und Eigelb mit 20 Gramm Zucker auf Wasserdampf gut warm schlagen, ein kalt eingeweichtes und ausgedrücktes Blatt Gelatine hineingeben und unterrühren. Nun kalt schlagen und Öl und Sahne einrühren, den Kürbiskrokant unterheben und in eine Form oder Förmchen füllen. Lassen Sie das Ganze etwa einen halben Tag im Tiefkühlfach gefrieren. Zum Servieren in warmes Wasser halten und stürzen.

Für die Kartäuserklöße:

3	altbackene Brötchen
300 ml	Vollmilch
120 g	Puderzucker
1	Vanillestange (Mark)
2	Eier
100 g	Panierbrot (Semmelbrösel)
100 g	geklärte Butter (Butterfett)
150 g	Zimtzucker (Zucker mit Zimt gemischt)

Zum Garnieren:

frische Blättchen Minze

Von den Brötchen die Rinde fein abreiben und die Brösel beiseite stellen. Die abgeriebenen Brötchen nebeneinander in eine flache Schüssel oder Form legen. Die Milch mit Puderzucker und dem ausgeschabten Vanillemark verrühren und darübergießen. Nach sieben Minuten die Brötchen herausnehmen und in zwölf gleichgroße Stücke schneiden, dabei leicht ausdrücken. Die Eier verquirlen. Die beiseite gestellten Brösel mit dem Panierbrot vermischen. Nun die Brotstücke zuerst durch die Eimasse ziehen, dann in den Bröseln panieren. Die Panade gut andrücken. Die Klößchen in dem erhitzten Butterfett gleichmäßig goldbraun ausbacken, anschließend in dem Zimtzucker wälzen.

Die Apfelbällchen mit dem Sud auf tiefe Teller verteilen. Mit der gut gekühlten Suppe nappieren und die noch warmen Kartäuserklöße daraufsetzen. Mit Minzeblättchen garnieren und das Parfait dazugeben.

Grundrezepte – vielseitig verwendbar

Crêpe-Teig

1	Ei
2	Eigelb
⅛ l	Vollmilch
1 Prise	Salz
1 Prise	Zucker
100 g	Mehl
	Petersilie und Kerbel, feingehackt
	geklärte Butter zum Backen

Ei mit Eigelb, Milch, Salz, Zucker und dem Mehl verrühren. Zehn Minuten ruhen lassen. Den Teig mit Petersilie und Kerbel abrunden. Jeweils etwas Butterfett in der Pfanne erhitzen und nacheinander vier Crêpes goldbraun backen.

Nudelteig

1	Ei
3	Eigelb
½ TL	kaltgepreßtes Distelöl
1 Prise	Salz
200 g	Mehl

Ei, Eigelb, Öl und Salz in eine Schüssel geben und mit dem Schneebesen gut verrühren. Nach und nach das Mehl dazu sieben und mit den Händen so lange verkneten, bis sich der Teig vom Schüsselboden löst. Der Nudelteig muß schön glatt, aber noch fest und zäh sein. Zur Kugel formen, in Klarsichtfolie einschlagen und 30 Minuten kühl stellen. Dann den Teig durch eine Nudelmaschine treiben und je nach Wunsch feine oder breite Nudeln herstellen. Wer keine Nudelmaschine hat, macht es mit der Hand: Dazu den Nudelteig auf einer bemehlten Fläche dünn ausrollen, zehn Minuten antrocknen lassen und in 20 Zentimeter breite Bahnen schneiden. Diese aufrollen und in die gewünschte Form schneiden. Anschließend in kochendem Salzwasser mit einem Schuß Öl bißfest garen.

Tip: Für **Spinatnudeln** drücken Sie 100 Gramm frischen, blanchierten Spinat gut aus. Pürieren und zusammen mit dem Ei und Eigelb dem Grundrezept zufügen. Etwa zwei bis drei Eßlöffel mehr Mehl nehmen, damit der Teig seine gewünschte Festigkeit erreicht.

Wenn Sie **Tomatennudeln** herstellen wollen, nehmen Sie zusätzlich einen Eßlöffel Tomatenmark und drei bis vier frische, fein geschnittene Basilikumblättchen. Zusammen mit dem Ei und Eigelb dem Grundrezept zufügen. Etwa zwei bis drei Eßlöffel mehr Mehl nehmen, damit der Teig seine gewünschte Festigkeit erreicht.

Vinaigrette (Salatsauce)

2	Schalotten
100 ml	Consommé (stark eingekochter Fleischfond)
4 EL	kaltgepreßtes Walnußöl
4 EL	kaltgepreßtes Distelöl
4 EL	kaltgepreßtes Traubenkernöl
2 EL	Sherry- oder Zitronenessig
½ TL	Balsamico-Essig
2 EL	Sherry (medium/Amontillado)
½ TL	Dijon-Senf
	Salz und weißer Pfeffer aus der Mühle
1 Prise	Zucker

Die Schalotten abziehen, fein würfeln und 30 Sekunden blanchieren. In Eiswasser abschrecken und gut abtropfen lassen. Mit den restlichen Zutaten gut verrühren und abschmecken. In ein verschließbares Glas füllen und im Kühlschrank aufbewahren, so bleibt die Vinaigrette mindestens fünf Tage frisch.

Tip: Für eine **Kräutervinaigrette** geben Sie zwei Eßlöffel feingeschnittene frische Kräuter (Schnittlauch, Liebstöckel, glatte Petersilie, Kerbel, Estragon, Dill usw.) hinzu.

Eine **Meerrettich-Senfsaat-Sauce** können Sie herstellen, indem Sie vier Eßlöffel Crème fraîche mit zwei Eßlöffeln Vinaigrette verrühren. Eine Messerspitze Dijon-Senf, einen Teelöffel gekochte Senfsaatkörner, einen halben Teelöffel geschälten, sehr feingewürfelten Meerrettich und einen Teelöffel Dillspitzen hinzufügen. Mit Salz und Pfeffer abschmecken.

Etwas ganz Edles ist die **Hummertrüffelsahne**: Verrühren Sie dazu vier Eßlöffel Crème fraîche mit zwei Eßlöffeln Vinaigrette. Zwei Eßlöffel Hummerreduktion (siehe *Seite 84*), 20 Gramm sehr fein gewürfelte schwarze Trüffel, einen Eßlöffel roten Portwein und einen Spritzer Balsamico-Essig zufügen. Mit Salz abschmecken.

Marchand de Vin (Weinhändlersauce)

300 g	Schalotten
20 g	Butter
¼ l	trockener Rotwein
1 l	brauner Kalbsfond (siehe Rezept *Seite 83*)
8	zerdrückte schwarze Pfefferkörner
	Salz

Die Schalotten abziehen und in Scheiben schneiden. In der erhitzten Butter glasig dünsten. Mit Rotwein und Kalbsfond aufgießen, die Pfefferkörner zufügen

und bei milder Hitze auf einen Viertel Liter Flüssigkeit reduzieren lassen. Durch ein feines Haarsieb passieren und nochmals um die Hälfte einkochen. Mit Salz abschmecken.
Diese Sauce erhält ihre natürliche Bindung durch die Schalotten, ist kräftig im Geschmack und hat einen schönen dunklen Glanz. Man serviert sie am besten zu dunklem Fleisch. Sie paßt aber auch ebenso gut zu gebratenen Taubenbrüstchen und Kalbsbries auf Salat.

Vin Blanc (Fischweißweinsauce)
(Für 8 Personen)

½ l	Fischfond (Rezept siehe *Seite 82*)
200 ml	trockener Weißwein
1 EL	Mehlbutter (Rezept siehe *Seite 81*)
150 g	Sahne (30 % Fett)
100 g	Crème fraîche
½	Zitrone (Saft)
	Salz

Den Fischfond mit Wein und der Mehlbutter langsam zum Kochen bringen und auf die Hälfte der Flüssigkeit einkochen. Die Sahne und Crème fraîche zufügen und wieder auf ein Drittel der Flüssigkeit reduzieren. Mit etwas Zitronensaft und Salz abschmecken.
Diese Grundsauce läßt sich verschieden abwandeln: Reduzieren Sie für eine edle **Champagnersauce** sechs Zentiliter Champagner bei milder Hitze, fügen Sie 200 Milliliter von der Fischweißweinsauce zu und lassen Sie das Ganze auf 150 Milliliter einkochen. 20 Gramm eiskalte Butterwürfelchen mit dem Saucenstab einrühren, nicht mehr aufkochen lassen (montieren), eventuell etwas nachwürzen und kurz vor dem Servieren einen Schuß Champagner und einen Eßlöffel geschlagene, ungesüßte Sahne (30 % Fett) unterziehen.
Für eine **Kräutersauce** einen Eßlöffel verschiedene, gehackte Kräuter mit 25 Gramm Butter mixen und gut gekühlt kurz vor dem Servieren unter die Fischweißweinsauce schlagen.
Tip: Feine Saucen sollten stets mit dem speziellen Saucenstab aufgemixt werden. Diese Technik und etwas frisch aufgeschlagene Sahne machen die Saucen besonders luftig und leicht.

Hummersauce (Sauce Américaine)
(Für 8 Personen)

700 g	Hummerkarkassen (oder Hummerbruch)
30 g	geklärte Butter (Butterfett)
4	Schalotten
4 cl	Cognac
1 EL	Mehl
300 ml	trockener Weißwein
¾ l	heller Geflügelfond (Rezept siehe *Seite 84*)
250 g	geschälte Tomaten (aus der Dose)
1	frischer Zweig Thymian
3	frische Zweige Estragon
10	zerdrückte schwarze Pfefferkörner
½	Knoblauchzehe
100 g	Fenchel
100 g	Karotten
100 g	Knollensellerie
10 g	Butter
2	Tomaten
	Salz
4 cl	weißer Portwein

Die Hummerkarkassen im Mörser fein zerdrücken. Das Butterfett erhitzen. Die Schalotten abziehen, in dünne Scheiben schneiden und in dem Fett glasig dünsten. Die Hummerkarkassen zufügen und unter Rühren kräftig anrösten. Mit dem Cognac ablöschen und flambieren. Das Mehl darüberstäuben, mit Weißwein, Geflügelfond und den pürierten Tomaten auffüllen. Die Kräuter, Gewürze und Knoblauch zufügen und 20 Minuten köcheln lassen. Durch ein feines Haarsieb passieren und auf ⅜ Liter Flüssigkeit einkochen. Die Gemüse waschen, putzen und in kleine Würfel schneiden. In der erhitzten Butter andünsten. Mit der Hummersauce aufgießen und fünf Minuten köcheln lassen. Die Tomaten überbrühen, häuten, halbieren und entkernen. Das Fruchtfleisch fein würfeln und unter die Sauce geben. Etwas einköcheln, mit Salz und Portwein abschmecken.
Diese Sauce läßt sich zu allen Krustentieren und Fischen mit Krustentieren servieren.
Tip: Mit einem Schuß Champagner und zwei Eßlöffeln geschlagener Sahne kann man die Sauce verfeinern und verlängern.

Sauce Hollandaise

150 g	Butter
3	Eigelb
1 EL	Wasser
1 EL	Weißwein
	Salz
½	Zitrone (Saft)

Die Butter bei milder Hitze zerlassen. In einem emaillierten Topf die drei Eigelb mit je einem Eßlöffel kaltem Wasser und Weißwein im Wasserbad cremig aufschlagen, dann die zerlassene Butter langsam unterrühren. Die Sauce im Wasserbad weiterhin bis zu einer cremigen Konsistenz aufschlagen. Anschließend mit Salz und Zitronensaft abschmecken. Dieses Sauce sollte immer à la minute zubereitet und dann sofort serviert werden. Die wichtigsten Abwandlungen der Sauce Hollandaise:
Sauce Mousseline: Ein Rezept Hollandaise mit zwei bis drei Eßlöffeln geschlagener Sahne (30 % Fett) vermischen. Die Sauce Mousseline ist gut zum Gratinieren geeignet.

Sauce Béarnaise

2 TL	Estragonessig
1 EL	Estragonblätter, feingehackt
1 EL	glatte Petersilie, feingehackt
1–2	Schalotten, feingehackt
6 cl	trockener Weißwein
	frisch gemahlener weißer Pfeffer

Alles bei mittlerer bis hoher Hitze reduzieren, bis fast alle Flüssigkeit verkocht ist. Man gibt die Reduktion in die Sauce Hollandaise und würzt anschließend mit Salz, Pfeffer und Zitrone nach.

Sauce Choron: Eine Béarnaise mit einem halben Teelöffel eingekochtem, passiertem Tomatenmark verrühren.
Tip: Bei der Zubereitung einer Hollandaise in einem Topf mit emaillierter Oberfläche behalten die in der Sauce enthaltenen Eigelb ihre Farbe besonders gut. Bei der Zubereitung in einem Topf mit metallener Oberfläche (Edelstahl, Aluminium und Guß) verliert die Sauce etwas von ihrer leuchtend gelben Farbe.

Beurre Manié (Mehlbutter)

60 g	zimmerwarme Butter
60 g	Mehl

Die Butter mit dem Mehl zusammen verkneten. In Folie einpacken und im Kühlschrank lagern. Hält sich bis zu vier Tage frisch.
Mehlbutter verwende ich hauptsächlich zum Binden von hellen Saucen und Suppen.
Tip: Soll es einmal schnell gehen, und der Vorrat ist aufgebraucht, hilft auch eine gehäufte Messerspitze bis ein halber Teelöffel Mais- oder Kartoffelstärke, angerührt in etwas Weißwein. Für dunkle Saucen Rotwein nehmen.

Mayonnaise
(Für 500 Gramm)

4	Eigelb
4 EL	Gewürzgurkenfond
2 EL	trockener Weißwein
½	Zitrone (Saft)
½ TL	Delikateß-Senf
0,5 l	kaltgepreßtes Distel- oder Sonnenblumenöl
	Salz und weißer Pfeffer aus der Mühle

Die Eigelb mit Gurkenfond, Wein, Zitronensaft und Senf in einer hochwandigen Schüssel verschlagen. Unter ständigem Rühren – am besten mit einem Schneebesen oder elektrischen Handrührer – langsam das zimmerwarme Öl dazugießen. Mit Salz und Pfeffer würzen und im Kühlschrank aufbewahren; so hält sich die Mayonnaise bis zu drei Wochen frisch.
Wichtige Abwandlungen der Mayonnaise:
Sauce Tatar: 200 Gramm Mayonnaise mit je einem Teelöffel sehr fein gehackten Cornichons, hartgekochten Eiern, gehackter, glatter Petersilie, extra feinen Kapern sowie einer Prise Salz und Pfeffer vermischen.
Cocktailsauce: 200 Gramm Mayonnaise mit je einem Teelöffel Tomatenketchup, einer halben zermusten Banane, einem Zentiliter Cognac, etwas Zitronensaft,

zwei Eßlöffeln ungesüßter Schlagsahne (30 % Fett) und einer Prise Cayennepfeffer vermischen.

Sauce Remoulade: 200 Gramm Mayonnaise mit einer gewürfelten Gewürzgurke, einem Eßlöffel Kapern, einer gewässerten und zerdrückten Sardelle und reichlich gehackter glatter Petersilie vermischen.

Hummer-, Langusten- oder Krebsfond

(Für 1 Liter)

500 g Karkassen von Krustentieren
30 g geklärte Butter (Butterfett)
250 g geputztes und gewürfeltes Gemüse (Karotten, Lauch, Zwiebeln, Fenchel, Staudensellerie)
4 cl Cognac
200 ml trockener Weißwein
250 g geschälte Tomaten (aus der Dose)
½ l Wasser
½ Knoblauchzehe
10 zerdrückte weiße Pfefferkörner
5 Pimentkörner
1 getrockneter Zweig Thymian
2 frische Zweige Estragon

Die Karkassen gut unter fließend kaltem Wasser abspülen. Abtropfen lassen und im Mörser fein zerstampfen. In dem erhitzten Butterfett zusammen mit den Gemüsen anrösten. Mit dem Cognac ablöschen und flambieren. Den Weißwein zugießen, die Tomaten im Mixer pürieren und unterrühren. Alles gerade eben mit kaltem Wasser bedecken. Gewürze und Kräuter untermischen und bei milder Hitze im offenen Topf 20 Minuten köcheln lassen. Ein Durchschlagsieb mit einem Passiertuch auslegen und den Krustentierfond hineinschütten. Das Tuchende fassen und gleichmäßig nach unten und oben bewegen, so lange, bis der Fond durchgelaufen ist. Durch diesen Vorgang kommt mehr von der Tomatenessenz durch das Tuch und gibt dem Fond eine schönere Farbe.

Tip: Dieser Fond dient als Basis für feine Saucen zu Fisch- und Krustentiergerichten. Sie können aber auch gleich eine gute Suppe daraus herstellen: Den gewonnen Fond mit etwas Salz, Estragon und Dill abschmecken und dem Fleisch der jeweils verwendeten Krustentierart als Einlage servieren.

Fischfond

(Für 1 Liter)

750 g Fischgräten (Seezunge, Rotzunge, Steinbutt, Forelle, Zander)
80 g Staudensellerie
½ Stange Lauch (nur das Helle)
5 Schalotten oder 3 Zwiebeln
20 g Butter
4 frische Zweige glatte Petersilie
1 getrockneter Zweig Thymian
1 frischer Zweig Estragon
1 Lorbeerblatt
6 weiße Pfefferkörner
1 Gewürznelke
¼ l trockener Weißwein
1 l Wasser

Die Fischgräten zerkleinern und in eine Schüssel geben. Mit kaltem fließenden Wasser so lange wässern, bis das Wasser ganz klar abläuft. Den Sellerie und Lauch waschen, putzen und in feine Würfel schneiden. Die Schalotten abziehen und vierteln. In der erhitzten Butter glasig dünsten. Fischgräten, Gemüse, Kräuter und Gewürze zufügen, mit Wein und Wasser auffüllen. Bei milder Hitze im offenen Topf 15 Minuten köcheln lassen und – falls nötig – zwischendurch abschäumen. Die Brühe durch ein sehr feines Haarsieb oder Tuch passieren. Sie können den Fischfond, den Sie nicht brauchen, auch portionsweise einfrieren.

Heller Kalbsfond

(Für 1 Liter)

1,5 kg Kalbfleischknochen
3 l Wasser
200 ml trockener Weißwein

150 g Zwiebel
60 g Karotten
40 g Knollensellerie
40 g Lauch
1 Tomate
1 Gewürznelke
5 weiße Pfefferkörner
½ ungeschälte Knoblauchzehe
1 getrockneter Zweig Thymian
1 getrockneter Zweig Rosmarin
2–3 frische Stengel glatte Petersilie
2 frische Zweige Estragon

Die Knochen grob zerhacken. Mit kaltem Wasser und Wein bedecken und zum Kochen bringen. Abschäumen. Das geputzte und zerkleinerte Gemüse, die Gewürze und Kräuter zufügen und im offenen Topf bei milder Hitze 2 bis 2½ Stunden köcheln lassen. Durch ein feines Haarsieb oder Tuch passieren und – falls nötig – entfetten: Entweder im heißen Zustand mit Küchenkrepp aufsaugen, oder die Brühe erkalten lassen und die erstarrte Fettschicht abheben. Portionsweise einfrieren.

Brauner Kalbsfond
(Für 1 Liter)

1,5 kg Kalbfleischknochen
1–2 EL Öl
150 g Zwiebeln
60 g Karotten
40 g Knollensellerie
40 g Tomatenmark
200 ml trockener Weißwein
2½ l Wasser
½ Lorbeerblatt
1 getrockneter Zweig Thymian
10 schwarze Pfefferkörner
1–2 Gewürznelken
5 Pimentkörner
½ Knoblauchzehe

Die Knochen fein zerhacken und in dem erhitzten Öl von allen Seiten kräftig anbraten. Das Fett abgießen. Das Gemüse waschen, putzen, kleinschneiden und zufügen. Unter ständigem Rühren anrösten. Das Tomatenmark unterrühren, nach und nach Wein und etwas Wasser zugießen, dabei immer wieder ein bißchen einkochen lassen. So erhält der Fond später eine schöne klare Farbe. Nach dem letzten Einkochen die Knochen gut mit Wasser bedecken, aufkochen lassen und abschäumen. Kräuter und Gewürze zufügen und bei milder Hitze im offenen Topf 2 bis 2½ Stunden köcheln lassen. Zwischendurch – falls nötig – abschäumen. Durch ein Sieb oder Tuch passieren, entfetten und verbrauchen oder portionsweise einfrieren.

Lammfond
(Für 1 Liter)

1,5–2 kg Lammknochen
2–3 EL Öl
150 g kleine Zwiebeln
60 g Karotten
50 g Knollensellerie
50 g Tomatenmark
200 ml Rotwein
3 l Wasser
1 Lorbeerblatt
1 getrockneter Zweig Thymian
1 getrockneter Zweig Rosmarin
1 Knoblauchzehe
4 Pimentkörner
10 schwarze Pfefferkörner
1–2 Gewürznelken

Die Knochen fein zerhacken und in einer Kasserolle in dem erhitzten Öl von allen Seiten anbraten. Das geputzte, zerkleinerte Gemüse zufügen und mit anrösten. Das angesammelte Fett abgießen. Das Tomatenmark unterrühren und nochmals anrösten. Nach und nach mit Wein und einem halben Liter Wasser angießen, dabei zwischendurch die Flüssigkeit immer wieder einköcheln lassen. Das gibt dem Fond später eine schöne klare Farbe. Nach dem Einkochen die Knochen mit dem restlichen Wasser bedecken,

aufkochen und abschäumen. Die Kräuter und Gewürze zufügen und bei milder Hitze im Ofen oder auf dem Herd im offenen Topf 2½ Stunden köcheln lassen. Durch ein feines Haarsieb oder Tuch passieren und entfetten: im heißen Zustand mit Küchenkrepp, oder die Brühe erkalten lassen und die erstarrte Fettschicht abheben.

Wild- und Wildgeflügelfond

(Für 1 Liter)

1,5 kg	Wildknochen
2 EL	Öl
150 g	Zwiebeln
60 g	Karotten
40 g	Knollensellerie
50 g	Tomatenmark
200 ml	Rotwein
2½ l	Wasser
1	Lorbeerblatt
1	getrockneter Zweig Thymian
6	Pimentkörner
10	schwarze Pfefferkörner
10	Wacholderbeeren
1	Gewürznelke

Die Knochen fein zerhacken und in einer Kasserolle in dem erhitzten Öl anbraten. Das geputzte und zerkleinerte Gemüse zufügen und fünf bis acht Minuten mitrösten. Das Fett abgießen und das Tomatenmark unterrühren. Nochmals kurz anrösten. Nach und nach den Wein und einen halben Liter Wasser zugießen, zwischendurch die Flüssigkeit immer wieder ganz einkochen lassen. Nach dem letzten Einkochen das restliche Wasser über die Knochen geben, aufkochen lassen und abschäumen. Die Kräuter und Gewürze zufügen, bei milder Hitze im Ofen oder auf dem Herd im offenen Topf 2 bis 2½ Stunden köcheln lassen. Durch ein feines Haarsieb oder Tuch passieren und entfetten: im heißen Zustand mit Küchenkrepp aufsaugen, oder die Brühe erst erkalten lassen und die erstarrte Fettschicht dann abheben. Nach Belieben zur gewünschten Konsistenz einköcheln, gleich verbrauchen oder portionsweise einfrieren.

Heller Geflügelfond

(Für 1 Liter)

1,5 kg	Geflügelknochen
2–3 l	Wasser
200 ml	trockener Weißwein
50 g	Champignons
100 g	Schalotten
60 g	Karotten
50 g	Knollensellerie
40 g	Lauch
2	frische Stengel glatte Petersilie
2	frische Zweige Estragon
1	Gewürznelke
½	Lorbeerblatt

Die Knochen zerhacken. Mit kaltem Wasser und dem Wein bedecken, zum Kochen bringen und abschäumen. Das Gemüse waschen, putzen, kleinschneiden und zusammen mit den Kräutern und Gewürzen zu den Knochen geben. Bei milder Hitze im offenen Topf 1½ Stunden köcheln lassen. Durch ein Sieb oder Tuch passieren und entfetten: im heißen Zustand mit Küchenkrepp aufsaugen, oder die Brühe erkalten lassen und dann die Fettschicht abheben. Nach Belieben weiter reduzieren und portionsweise einfrieren.

Brauner Geflügelfond

(Für 1 Liter)

1,5 kg	Geflügelknochen
2 EL	Öl
150 g	Zwiebeln
60 g	Karotten
40 g	Knollensellerie
40 g	Tomatenmark
200 ml	trockener Weiß- oder Rotwein
2 l	Wasser
¼	Lorbeerblatt
1	kleiner getrockneter Zweig Thymian
10	schwarze Pfefferkörner
1	Gewürznelke

Die Geflügelknochen in Stücke zerhacken und in dem erhitzten Öl rundum kräftig anbraten. Man kann die Knochen auch ohne Fett auf einem Backblech im Ofen anrösten. Das geputzte und zerkleinerte Gemüse zufügen, kurz mitrösten und das Tomatenmark unterrühren. Mit dem Wein auffüllen und die Flüssigkeit stark einkochen lassen. Das Wasser dazugießen, aufkochen lassen und abschäumen. Kräuter und Gewürze zufügen und bei milder Hitze im offenen Topf zwei Stunden köcheln. Durch ein Sieb oder Tuch passieren und nach Belieben entfetten.

Reduktion von braunen Fonds und Krustentieren

(Für 2–3 Eßlöffel)

200 ml	Fond (von Kalb, Geflügel, Wild oder Krustentieren)

Den Fond in einer Kupferkasserolle bei milder Hitze langsam dickflüssig einkochen.
Reduktionen werden zur Färbung und Geschmacksverbesserung von Terrinen, Pasteten, Farcen und Soufflés verwendet, aber auch für kalte Sahne- und Cremesaucen. Bei einer Reduktion zeigt es sich, wie wichtig es ist, bei der Grundzubereitung von Fonds keinerlei Salz zu verwenden, denn das starke Einkochen intensiviert die Aromastoffe.
Tip: Vermischen Sie einen Eßlöffel Krustentierfond mit drei Eßlöffeln Crème fraîche, Crème double oder ungesüßter Schlagsahne (30 % Fett) und aromatisieren Sie das Ganze mit vier Tropfen Balsamico-Essig und einem halben Teelöffel Vinaigrette-Salatsauce (siehe *Seite 79*).

Fleischfarce

100 g Kalbfleisch
80 g Sahne
Salz und Pfeffer aus der Mühle

Das Fleisch durch den Fleischwolf drehen und mit der Sahne im Tiefkühlfach anfrieren lassen. Danach im Mixer fein pürieren, durch ein Sieb streichen und mit Salz und Pfeffer würzen.
Diese Farce kann auch aus Geflügel, Wild oder Fisch hergestellt werden. Sie ist die Basis für Füllungen, Terrinen oder Klößchen.

Selleriepüree

½ Sellerieknolle (ca. 400 g)
½ Zitrone (Saft)
Salz
70 g kalte Butterwürfelchen

Sellerie schälen, grob würfeln und in kochendem Wasser mit etwas Salz und dem Zitronensaft weichkochen. Danach gleich in einer Kartoffelpresse, die mit einem dünnen Tuch ausgelegt werden sollte, gut auspressen. Die gut warmen Selleriestücke im Mixer mit den Butterwürfelchen fein pürieren und mit Salz abschmecken.
Das Verhältnis von gekochtem und ausgepreßtem Gemüse zur Butter sollte möglichst 3:1 betragen. Auf die gleiche Weise können Sie auch andere Gemüsepürees herstellen.
Tip: Das Püree kann zum Servieren schnell in der Mikrowelle erhitzt werden.

Guten Appetit!

Register

BEZUGSQUELLEN

*COLIMEX-ZENTRALE, 50996 Köln, Ringstr. 46, Tel. 0221-352072, Fax 0221-352071; Auslieferungsläden: 32312 Lübbecke, Lange Str. 1, Stern-Apotheke, Tel. 05741-7707, Fax 05741-310887; 33102 Paderborn, Bahnhofstr. 18, St.-Christophorus-Drogerie, Tel. 05251-105213, Fax 05251-105252; 38300 Wolfenbüttel, Lange Herzogstr. 13, Tel. 05331-298370, Fax 05331-298570; 42105 Wuppertal, Karlsplatz 3, In der Rathausgalerie, Tel./Fax 0202-443988; 42853 Remscheid, Alleestr. 74, Allee-Center, Tel./Fax 02191-927963; 50171 Kerpen, Philipp-Schneider-Str. 2–6, Kaufhalle-Center, Tel./Fax 02237-922352; 50226 Frechen, Hauptstr. 99–103, Marktpassage, Tel./Fax 02234-274770; 50354 Hürth, Theresienhöhe, EKZ-Hürth/Arkaden, Tel./Fax 02233-708538; 50667 Köln, Schildergasse, in „Emotions", Tel./Fax 0221-2580862; 50858 Köln-Weiden, Aachener Str. 1253, Rhein Center Köln-Weiden, Tel./Fax 02234-709266; 51373 Leverkusen, Friedrich-Ebert-Platz 9; 51465 Bergisch Gladbach, Richard-Zanders-Str., Kaufhalle, Tel./Fax 02202-43103; 51643 Gummersbach, Wilhelmstr. 7, Vollkorn Naturwarenhandel, Tel. 02261-64784; 52062 Aachen, „Lust for Life", Komphausbadstr. 10, Tel./Fax 0241-4013033; 53111 Bonn, Brüdergasse 4, Tel./Fax 0228-659698; 53721 Siegburg, Am Brauhof 4, Tel./Fax 02241-591160; 53797 Lohmar, Breidtersteegsmühle, Broich & Weber, Tel. 02246-4245, Fax 02246-16418; 56068 Koblenz, Hohenfelder Str. 22, Löhr-Center-Koblenz, Tel./Fax 0261-1004890; 57462 Olpe, Bruchstr. 13, Valentin-Apotheke, Tel./Fax 02761-5190; 63739 Aschaffenburg, Steingasse 37, Colimex/Cleopatra, Tel. 06021-26464; 94032 Passau, Am Schanzl 10, Turm-Apotheke, Tel. 0851-33377, Fax 0851-32109; 95444 Bayreuth, Luitpoldplatz 3, Ars Vivendi – Lebenskunst in der Schloßgalerie, Tel. 0921-5169302, Fax 0921-5169303.
*DUFT & SCHÖNHEIT, 80331 München, Sendlinger Str. 46, Tel. 089-2608259.
*KOSMETIK-BAZARE: Interessengemeinschaft der Kosmetik-Bazare e.V., 28203 Bremen, Ostertorsteinweg 25–26, Tel. 0421-701699, Fax 0421-75531; 30159 Hannover, Knochenhauer Str. 6, Tel. 0511-326236, Fax 05066-693505; 31582 Nienburg, Leinstr. 22, Tel. 05021-12825, Fax 05021-600808; 31785 Hameln, Thiewall 4, Tel./Fax 05151-22576; 32257 Bünde, Bahnhofstr. 31, Tel. 05223-5133, Fax 05232-71219; 32756 Detmold, Paulinenstr. 9, Tel. 05231-39614, Fax 05231-39691; 33615 Bielefeld, Arndtstr. 51, Tel. 0521-131008, Fax 05232-71219; 34414 Warburg, Hauptstr. 46, Tel. 05641-60467, Fax 05641-60648; 35037 Marburg, Augustinergasse, Tel. 06421-161363, Fax 0641-76450; 35390 Gießen, Frankfurter Str. 1, Tel. 0641-76979, Fax 0641-76450; 37671 Höxter, Am Markt 2a, Tel./Fax 05271-380095; 45130 Essen, Alfredstr. 43, Tel./Fax 0201-796413; 48143 Münster, Ludgeristr. 68, Tel./Fax 0251-518505; 48431 Rheine, Marktstr. 14, Tel./Fax 05971-15421; 53721 Siegburg, Holzgasse 47, Tel./Fax 02241-590942; 59555 Lippstadt, Blumenstr. 1, Tel. 02941-78466, Fax 02947-5276; 63924 Kleinheubach, Dientzenhofer Str. 14, Tel. 09371-68861, Fax 09371-947640; 65183 Wiesbaden, Marktstr. 14, Tel. 0611-379370, Fax 06124-3329; 75172 Pforzheim, Bahnhofstr. 9, Tel. 07231-33254, Fax 07452-67025.
MARGOTS BIOECKE, 51143 Köln-Porz, Josefstr./Ladenzeile Busbahnhof, Tel. 02203-55242, Fax 02203-593065.

In der Schweiz:
*INTERWEGA Handels GmbH, CH-8863 Buttikon, Kantonsstr. 49, Tel. 055-4441854, Fax 055-4442477.

In Österreich:
*ART OF BEAUTY, A-4600 Wels, Dr.-Salzmannstr. 8-10, Tel./Fax 07242-57226, E-Mail: veronika@art-of-beauty.at.

Die mit * gekennzeichneten Firmen betreiben auch Versandhandel.

Einige Substanzen erhalten Sie auch in Reformhäusern, Drogerien, Apotheken, Bioläden und Lebensmittelläden. Vergleichen Sie die Preise!

Nachfolgend finden Sie eine Auswahl von Bezugsquellen, bei denen Sie Saatgut oder Jungpflanzen der im Buch vorgestellten Kräuter- und Gemüsesorten erhalten können:

BIO-SAATGUT, Ulla Grall, Eulengasse 3, 55288 Armsheim, Tel. 06734-960013 oder 960379, Fax 06734-960014, Internet: www.bio-saatgut.de
Saatgut aus kontrolliert-biologischem Anbau unter anderem von der französischen Ferme de Sainte Marthe, die sich speziell dem Erhalt alter Sorten und Raritäten widmet. Schwerpunkt Tomaten und Kürbisse, aber auch ein großes Angebot anderer Gemüsesorten, Kräuter und Blumen.

DRESCHFLEGEL GbR, Postfach 1213, 37202 Witzenhausen, Tel. 05542-502744, Fax 05542-502758, e-mail: dreschflegel@biologische-saaten.de, Internet: www.dreschflegel-saatgut.de

Saatgut aus kontrolliert-biologischem Anbau mit Schwerpunkt Gemüse. Es werden aber auch Kräuter, Blumen und andere Kulturpflanzen angeboten. Dreschflegel ist ein Zusammenschluß mehrerer Biobetriebe, die eigenes Saatgut vermehren und einen gemeinsamen Katalog herausgeben. Das Saatgut wird nur bis Ende Juni jeden Jahres vertrieben.

GÄRTNEREI RÜHLEMANNS KRÄUTER & DUFTPFLANZEN, Auf dem Berg 2, 27367 Horstedt, Tel. 04288-928558, Fax 04288-928559, e-mail: info@ruehlemanns.de, Internet: www.salbeiblatt.de
Große Versandgärtnerei, die neben Saatgut auch Jungpflanzen von etwa 1000 Kräuter- und Gemüsesorten (zum Teil aus biologischem Anbau) und einen umfangreichen Katalog anbietet.

KRÄUTEREY LÜTZEL, Gabriele Lauber, Im Stillen Winkel 5, 57271 Hilchenbach-Lützel, Tel. 02733-3846, Fax 02733-12679, Internet: www.kraeuterey.de
Kräutergärtnerei im Siegerland, die Jungpflanzen in Töpfen von ca. 250 Kräutersorten aus kontrolliert-biologischem Anbau (Bioland) anbietet – neben klassischen Küchen- und Heilkräutern auch seltene und „exotische" Varietäten, kein Saatgut. Die Kräuterey führt außerdem Kräuterseminare durch. Sie ist von April bis November geöffnet. Eine Liste über das Sortiment erhalten Sie gegen 2 € in Briefmarken.

ARCHE NOAH, Gesellschaft zur Erhaltung der Kulturpflanzenvielfalt und deren Entwicklung, Obere Straße 40, A-3553 Schloß Schiltern, Tel. 0043-2734-8626.
Gemeinnütziger Verein in Österreich, der Saatgut von 600 alten und seltenen Kulturpflanzen anbietet: Gemüse, Kräuter, Getreide, Bauerngartenblumen und Färberpflanzen. Im Verein sind über 100 (Hobby-)Gärtner zusammengeschlossen, die ihr Saatgut im umfangreichen Arche-Noah-Katalog anbieten.

Hinweis:
Autoren und Verlag bemühen sich, in diesem Verzeichnis nur Firmen zu nennen, die hinsichtlich der Substanzen und Preise zuverlässig und günstig sind. Trotzdem kann eine Gewährleistung von Autoren und Verlag nicht übernommen werden. Irgendwelche Formen von gesellschaftsrechtlicher Verbindung, Beteiligung und/oder Abhängigkeit zwischen Autoren und Verlag einerseits und den hier aufgeführten Firmen andererseits existieren nicht.

SPINNRAD-PARTNER-LISTE

PLZ	ORT	GESCHÄFTSNAME
03046	Cottbus	Flamingo-Apotheke
04109	Leipzig	Naturparadies
10178	Berlin-Mitte	Natur Art
12099	Berlin	Reformhaus Gesund & Schön
13357	Berlin-Wedding	Kräuter Meyer
15517	Fürstenwalde	Vital Center
18055	Rostock	Edda's Tee-Lädchen
20045	Hamburg-Jenfeld	Berliner Bär Apotheke
20095	Hamburg-Innenstadt	Vitapharm-Apotheke
21073	Hamburg-Harburg	Arcaden Apotheke
22111	Hamburg-Billstedt	Kräuter Meyer
22159	Hamburg-Farmsen	Center-Apotheke
23562	Lübeck-St.Jürgen	Reformhaus St. Jürgen
23566	Lübeck-Buntekuh	Reformhaus im Citypark
23966	Wismar	Teekontor Wismar
24534	Neumünster	Stadt-Apotheke
24937	Flensburg	Delphin-Apotheke
25980	Rantum/Sylt	Teekula
27578	Bremerhaven-Speckenbüttel	Spinnrad Partner Buse
27749	Delmenhorst	Delme Tee Contor
28199	Bremen-Neustadt	Delme Tee Contor
28203	Bremen-Steintor	Fach-Drogerie-Blank
28215	Bremen-Findorf	Naturkosmetik
30159	Hannover	Ernst-August-Apotheke
30159	Hannover-City	S.B.S. Naturkosmetik
30161	Hannover-Nordstadt	Reformhaus Bertram
30519	Hannover	Naturprodukte Oasis
30823	Garbsen	Teehaus Schwarzer Drache
31134	Hildesheim	Andreas Apotheke
31789	Hameln	Reformhaus Bertram
32049	Herford	Hansa-Apotheke
32547	Bad Oeynhausen	Apotheke im Werrepark
32756	Detmold	Tee & Krämerladen
33098	Paderborn	Reformhaus Strauch
33602	Bielefeld-Zentrum	Teegarten

34225	Baunatal	Neue Apotheke
34454	Arolsen	Akazien-Apotheke
36381	Schlüchtern	Lotichius-Apotheke
37073	Göttingen	Göttinger Reformhaus
37073	Göttingen	Reformhaus Schenk
37079	Göttingen	Reformhaus im Kaufpark
38226	Salzgitter Lebenstedt	Reformhaus Bertram
38440	Wolfsburg	Garias, die natürliche Drogerie
38640	Goslar	Reformhaus Bertram
38820	Halberstadt	Das Teehaus
38855	Wernigerode	Reformhaus Saaber
39104	Magdeburg	Das Teehaus
40227	Düsseldorf-Oberbilk	Schwanen-Apotheke
40591	Düsseldorf-Wersten	Apotheke Dr. Herrmann
40597	Düsseldorf-Benrath	Spinnrad Partner Steioff
41061	Mönchengladbach 2 (Rheydt)	Spinnrad Partner Steioff
44649	Herne 2 (Wanne)	Reformhaus Klaas
44869	Bochum	Bio S-Bahnhof
45127	Essen-City	Spinnrad & more
45276	Essen-Steele	Abaddon
45468	Mülheim/Ruhr-Zentrum	Reformhaus Seibel
45879	Gelsenkirchen-City	Rosen-Apotheke
45881	Gelsenkirchen-Schalke	Spinnrad & more
46047	Oberhausen	Reformhaus Seibel
46236	Bottrop	Pinguin Apotheke
46397	Bocholt	Reformhaus Feldmann
47495	Rheinberg	Römer-Apotheke
48231	Warendorf	Drogeriemarkt
50259	Pulheim	Reformhaus Stommel
50739	Köln-Porz	Drogerie Georg Bach
51143	Köln	Margot's Bioecke
53757	St. Augustin	Süd-Apotheke
53840	Troisdorf	Bioshop GbR
54516	Wittlich	Minotaurus
55116	Mainz-City	Schiller-Apotheke
56068	Koblenz	Schloss-Apotheke
56170	Bendorf	Center-Apotheke
59555	Lippstadt	Röss'l-Apotheke
65185	Wiesbaden	Spinnrad Partner Meudt
66117	Saarbrücken	Bellevue-Apotheke
66386	St. Ingbert	Die Tee-Liebe
66424	Homburg/Saar	Naturfeinkost Ringelblume
66440	Blieskastel	Die Tee-Liebe
66540	Neunkirchen-Wiebelskirchen	Glück-auf-Apotheke
67065	Ludwigshafen-Gartenstadt	Kreuz-Apotheke
67067	Ludwigshafen-Maudach	Barbara-Apotheke
67071	Ludwigshafen-Oggersheim	Ritter-Apotheke
67655	Kaiserslautern	Potpourrie
68259	Mannheim	Drogerie Wagenhals-Freyburger
69117	Heidelberg	Teemeister Tan
70806	Kornwestheim	Stern-Apotheke
71034	Böblingen	Apotheke Hulb
71634	Ludwigsburg	Spinnrad Partner Baccar
73430	Aalen	Aalener Teeladen
74072	Heilbronn	Heilbronner Teeladen
76863	Herxheim	Alte Apotheke von 1837
83022	Rosenheim	Spinnrad Partner Kempf
83278	Traunstein	Spinnrad Partner Kempf
88074	Meckenbeuren	Die Grüne Schiene
88326	Aulendorf	Inspiration
89520	Heidenheim	Silvi's Lädle
91757	Treuchtlingen	Rathaus-Apotheke
92237	Sulzbach-Rosenberg	St. Anna-Apotheke
97421	Schweinfurt	Spinnrad Partner Riedl
99084	Erfurt	Apollo-Apotheke
99084	Erfurt	Apollo Vital

Vollständige Adressen und neue Spinnrad-Partner unter www.spinnrad.de

Saisonkalender

	Januar	Februar	März	April	Mai	Juni	Juli	August	September	Oktober	November	Dezember
Blumenkohl					■	■	■	■	■	■	■	
Brokkoli							■	■	■	■		
Grünkohl	■	■									■	■
Knoblauch	■	■	■	■	■	■	■	■	■	■	■	■
Kohlrabi						■	■	■	■	■		
Kürbis	■	■						■	■	■	■	■
Mangold						■	■	■	■	■		
Meerrettich	■	■	■	■						■	■	■
Mohrrüben				■	■	■	■	■	■	■		
Pastinaken	■	■	■	■						■	■	■
Petersilienwurzeln	■	■	■							■	■	■
Porree	■	■	■					■	■	■	■	■
Rettich	■	■	■	■	■	■	■	■	■	■	■	■
Rosenkohl	■	■							■	■	■	■
Rote Bete	■	■	■						■	■	■	■
Rotkohl	■	■	■			■	■	■	■	■	■	■
Rübstiel				■	■	■			■	■		
Schwarzwurzeln	■	■	■						■	■	■	■
Sellerie	■	■	■					■	■	■	■	■
Spinat			■	■	■				■	■		
Spitzkohl					■	■	■	■				
Steckrüben	■	■	■							■	■	■
Weißkohl	■	■	■			■	■	■	■	■	■	■
Wirsing	■	■	■			■	■	■	■	■	■	■
Zwiebel	■	■	■	■	■	■	■	■	■	■	■	■

In diesen Monaten ist Gemüse aus heimischem Freilandanbau erhältlich.
Regionale und wetterbedingte Schwankungen sind dabei möglich.

Weitere Titel aus der Hobbythek-Reihe:

Jean Pütz/Monika Kirschner
LEBENSELIXIERE AUS INDIEN
Ayurveda
ISBN 3-8025-6221-6

Jean Pütz/Sabine Fricke/
Monika Pohl
BESSER SCHLAFEN
Sanfte Wege zu einer
erholsamen Nacht
ISBN 3-8025-6222-4

Jean Pütz/Dr. Heinz Gollhardt
DAS WISSEN DER HOBBYTHEK VON A–Z
ISBN 3-8025-6226-7

Jean Pütz/Prof. Jan I. Kelly
LEBENSELIXIER PILZE
ISBN 3-8025-6224-0

Jean Pütz/Ellen Norten
MUND, NASE & OHREN
ISBN 3-8025-6223-2

Jean Pütz/Monika Kirschner
LEBENSELIXIERE AUS DEUTSCHLAND
Wilde Pflanzen
ISBN 3-8025-6228-3

Jean Pütz/Sabine Fricke/
Ellen Norten
LIEBESLUST UND LIEBESLEID
Intimbereich ohne Tabus
ISBN 3-8025-6227-5

Jean Pütz/Sabine Fricke/
Horst Minge/Götz Meißner
GESUNDER RÜCKEN
ISBN 3-8025-6229-1

Jean Pütz/Ellen Norten
JOGHURT, QUARK UND KÄSE
Für ein starkes Immunsystem
ISBN 3-8025-6213-5

konkret, praktisch und aktuell

hobbythek bei rororo

In der Buchreihe zur Sendung sind inzwischen 40 Titel erschienen, mit über 4 Millionen verkauften Exemplaren. Erfolgstitel aus der Hobbythek gibt es jetzt auch als Taschenbücher im Ratgeberprogramm bei rororo: jedes für sich ein Standardwerk zum Thema Ernährung und Gesundheit.

Jean Pütz • Monika Kirschner

Mediterrane Lebenselixiere

Wein • Olivenöl • Knoblauch
Tomaten • Kefir • Aloe Vera

Jean Pütz • Sabine Fricke

Essen Sie sich gesund

Wenn der Körper nicht
im Gleichgewicht ist